KB089124

일기 쓰기를
부탁해!

미래의 내가 보낸 일기장

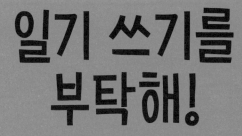

일기 쓰기를 부탁해!

미래의 내가 보낸 일기장

김희정 지음

두드림미디어

프롤로그

1장. 글로 쓰는 일기

2장. 그림으로 쓰는 일기

3장. 사진으로 쓰는 일기

4장. 영상으로 쓰는 일기

5장. 일기 보관하기

에필로그

프롤로그

미래의 내가 보낸 일기장

일기를 왜 써야 할까?

미래의
내가 보낸
일기장

◯ 우와! 드디어 네가 이 일기장을 펼쳐 들었구나. 나는 우리가 성공할
줄 알았어! 너에게 이 일기장을 보낼 수 있을 줄 알았다고!

👧 진정해. 일단 우리 소개부터 하자.

◯ 아, 맞아. 우리 소개부터 할게. 나는 미래의 너야! 어른이 된 너! 그
리고 여기는 내 친구 희정이(👧)와 정훈이(👦).

👧 안녕. 나는 미래의 네 친구 희정이야.

👦 안녕! 나는 정훈이야.

◯ 내가 왜 너에게 이 일기장을 보냈냐고? 그건 바로……. 내가 초등학
생 때 일기를 제대로 안 쓰고 일기장 보관을 잘 안 해서……. 어른이
된 지금, 초등학생 때 일기장이 딱 1권밖에 안 남은 거야! '그래도
1권이라도 남아 있어서 다행이다'라고 생각하면서 일기장을 펼쳤거
든. 그런데 내 일기가 어땠는지 알아?

20XX년 5월 5일 금요일

오늘 가족과 함께 놀이공원에 갔다.
참 재미있었다.

○ 일기가 너무 짧고 간단한 거야. 분명, 가족들과 같이 놀이공원에 갔었거든? 그런데 어떤 놀이기구를 탔는지, 뭐가 가장 재미있었는지 하나도 기억나지 않는 거야.
이 일기도 한번 봐.

20XX년 6월 1일 목요일

오늘 친구들과 놀이터에서 재미있게 놀았다.

누구와 놀았던 거지? 무엇을 하면서 놀았지?
나는 도저히 기억해 낼 수 없었어.

🧑 네가 초등학생 때, 일기 쓰기를 별로 중요하게 생각 안 해서 아주 간단한 기록만 남았나 보다. 일기 쓰기를 싫어했던 거야?

◯ 일기 쓰기가 좀 귀찮기는 했어. 그래서 짧게 썼을 때가 많았지. 어른이 되고 어린 시절을 떠올려 보니, 분명 즐거운 일도 많았던 것 같거든? 그런데 무엇 때문에 즐거웠는지, 어떤 일들이 있었는지 도무지 기억나지 않는 거야. 그래서 초등학생 때 썼던 일기장을 찾아보게 되었어.

🙂 그런데 일기장이 딱 한 권밖에 안 남아 있었다고 했지?

◯ 응. 그 한 권에도 너무 간단하게만 기록해 둬서 어린 시절의 추억을 너무 많이 잃어버렸지 뭐야. 마치 까마귀가 내 기억을 다 물어 가 버린 것처럼… '일기를 좀 열심히 써 둘 걸' 하는 후회가 몰려왔지. 그리고 어렸을 때 찍었던 사진이나 영상도 거의 다 없어져 버렸어. 휴대전화를 몇 번 새로 바꾸는 사이에 사진이나 영상을 잃어버리게 되어서……. 남아 있는 게 얼마 안 되어서 정말 슬펐어.

그래서 내가 희정이와 정훈이에게 도움을 요청했어. 희정이와 정훈이는 초등학생 때부터 기록을 무척 열심히 하고, 아직도 그 기록을 잘 보관하고 있는 내 친구들이야. 희정이가 초등학생 때 쓴 일기장들을 봐.

정말 대단하지? 희정이는 글과 그림으로 일기를 열심히 남겼대.

그리고 내 친구 정훈이! 정훈이는 사진 일기와 영상 일기를 성실히 남겼대. 정훈이는 어렸을 때부터 사진과 영상 찍는 것을 좋아해서, 초등학생 때부터 있었던 중요한 일들이 사진과 영상으로 다 남아 있다나?

나는 어렸을 적의 기록이나 추억이 남아 있는 이 친구들이 너무 부러워졌어. 나도 초등학생 때부터 일기 쓰기를 좀 열심히 할걸. 그랬다면 나도, 빛나는 그 추억들과 함께일 텐데.

나의 고민을 친구들에게 이야기했더니 희정이가 나에게 말했어.

"성실하게 일기를 써 달라고 부탁하는 일기장을 만들어서 초등학생 때의 너에게 보내는 건 어때?"라고. 나는 깜짝 놀라, "일단 일기장을 만든다고 쳐. 그런데 어떻게 일기장을 과거의 나에게 보낸다는 거야?!"라고 말했어.

나는 어떻게든 방법을 찾아낸다고 말했지. 일기장을 문방구나 서점의 눈에 띄는 곳에 두어 네가 발견할 수 있도록 하거나, 선생님의 추천이나 부모님의 선물을 통해서나, 어떻게든! 내가 꼭 과거의 너에게 일기장을 보낼 수 있는 방법을 찾아낼 거라고 말했지.

희정이는 지금까지, 우리가 고민하는 일이 있으면 어떻게든 좋은 방법을 찾아냈거든. 그래서 나도 희정이의 말을 믿고, 너에게 추억을 찾아 주는 이 계획에 동참하기로 한 거지.

그리고 희정이의 말이 맞았어! 이렇게 결국은, 네가 이 일기장을 펼쳐 들었잖아. 희정이의 계획이 멋지게 성공한 거지. 초등학생 때의 나는 일기를 왜 써야 하는지, 어떻게 써야 하는지 아는 것이 거의 없었어. 그래서 어른이 된 나와 내 친구 희정이, 정훈이가 같이, 과거의 나에게 일기 쓰기 방법을 알려 주려고 이 일기장을 만들었어.

너의 어린 시절 추억을 찾아 주고 싶었어. 넌 어린 시절을 거의 잊어버려서 너무 아쉬워했잖아. 그렇지만 이제부터는 달라질 거야. 과거의 네가 이 일기장을 펼쳐 들었으니까!

글과 그림으로 남기는 일기뿐만 아니라, 사진과 영상으로 남기는 일기에 대해서도 알려 주려고 나도 이 일기장 만들기에 동참했어. 이 일기장과 함께라면, 너도 어린 시절의 기록을 많이 남기고, 미래로 무사히 보낼 수 있을 거야. 나중에 떠올릴 추억들이 엄청 늘어나게 되겠지. 그게 얼마나 큰 재산인지, 이 일기장을 막 펼쳐 든 너는 알 수 있을까?

어렸을 적의 나는 그런 것까지는 생각하지 못했어. 이 일기장을 펼쳐 든 '어린 나'인 너! 너에게 일기 쓰기를 좀 부탁해도 될까? 나를 위해서. 그리고 너를 위해서.

일기 쓰기를 부탁해!

일기를
왜 써야 할까?

Q 일기 쓰기를 부탁한다고 했는데……. 일단 일기가 무엇인지 먼저 알아야겠지? 일기는 그날그날 있었던 일이나 생각, 느낌 등에 대한 기록이야.

혹시, "귀찮은 일기를 왜 쓰라는 거야?"라며 투덜거리고 있지는 않니? 일기를 왜 써야 하는지 우리가 알려 줄게.

어린 시절의 하루하루가 쌓여 어린이는 어른이 되어 가. 넌 매일이 비슷한 나날로 생각되겠지만 영원한 건 없단다. 예를 들어 지금 네가 당연한 듯 만나고 있는 너희 반 친구들과 선생님. 1년만 지나도 그 반으로 다시는 돌아갈 수 없잖아. 이와 마찬가지로, 인생은 다시는 반복할 수 없는 많은 순간들로 이루어져 있지.

네가 울고 웃고 즐거워한 모든 순간들, 너에게 힘을 주고 너를 성장하게 한 모든 순간들은 아주 빠르게 지나가고 시간 속에 파묻혀 버려. 우리가 기억할 수 있는 순간들은 매우 적기 때문에 기록해야 한단다.

🔍 기록을 하면 인생에서 생생하게 회상할 수 있는 일들이 아주 많아지잖아. 기쁘거나 즐거운 순간에 대한 기록은 그 순간을 한 번 더 경험해 보는 것 같은 큰 기쁨으로 나를 미소 짓게 할 거야. 그리고 화나거나 슬픈 순간에 대한 기록이라고 할지라도, 이제는 그 순간을 지나 성장해 있는 나를 발견하게 되겠지.

👩 내 어렸을 적 일기장을 다시 읽어 보니 지금의 나보다 더 긍정적이고, 뭐든 도전해 보려고 하는 모습을 볼 수 있었어. 나는 그 일기장을 읽고 힘을 얻을 수 있었단다. 내 깊은 곳에 아직 그런 면이 있다는 것을 깨닫게 되었거든.

👨 나는 사진과 영상으로 기록을 많이 남겼다고 했잖아. 어렸을 적 사진과 영상은 지금은 내 옆에 계시지 않은 분들의 모습도 볼 수 있게 하지. 그 얼굴, 그 목소리, 사랑으로 가득한 눈빛을 사진과 영상으로나마 한 번 더 만날 수 있다는 게 얼마나 기쁜 일인지……. 어린 시절의 기록들은 무엇과도 바꿀 수 없는 내 보물이야.

👩 그리고 일기는 어른이 되어서 어린이를 좀 더 잘 이해할 수 있게 해. 모든 어른들은 분명 어린이였을 때가 있었는데, 주위를 살펴보면 그걸 잊어버린 듯 살아가는 사람들이 많아. 나도 내가 어린이였을 때 무엇에 즐겁고 행복했는지 잘 기억이 안 날 때가 있거든. 그럴 때 나는 어린 시절 일기장을 열어 봐. 그러면 그 어린 내가 어떤 것에 기뻤고, 화났고, 슬펐고, 즐거웠는지를 기억해 낼 수 있게 돼. 그러면 나는 어린이의 마음을 좀 더 잘 알아채는, 좀 더 상냥하고 따

뜻한 어른이 될 수 있는 거야.

🔵 너에겐 아직 잘 와 닿지 않는 일일지도 몰라. 그래서 우리가 이 일기장을 만든 거니까. 일기를 쓰면 좋은 점에 대해 좀 더 이야기해 볼까?

🧑 일기를 쓰면 관찰력을 기를 수 있어. 일기를 매일 쓰는 사람은 비슷한 듯 흘러가는 나날 속에서도 평소와는 다른 것을 발견하려고 일상을 주의 깊게 살펴보게 된단 말이지. 주의 깊게 살펴보고 새로운 것을 발견하고, 그것을 기억해 두면 좋은 일기 소재가 되거든. 자세히 관찰하면 어떤 일을 상세하게 묘사하거나 생생하게 표현할 수도 있게 되고 말이야. 관찰해서 더 잘 알게 된 것에 내 마음이 깃드는 경험도 할 수 있을 거야.

그리고 일기를 쓰려면 하루에 있었던 많은 일 중, 가장 인상 깊었던 일 하나를 골라 적당한 분량의 글로 나타내야 하잖아. 중요한 일을 고르고 요점을 정리해서 몇 개의 문단으로 나타내는 연습을 매일 하다 보면 글쓰기 실력도 향상되지. 그림일기를 쓰며 인상 깊은 장면을 그림으로 그리다 보면 그림 실력도 늘고 말이야.

🧑 일기 쓰기를 통해 나에 대해 더 잘 알게 되기도 해. 일기를 쓰려면 자신의 생각이나 감정을 정리해서 글로 표현해야 하잖아. 그 과정에서 막연하게 느껴졌던 나의 생각이나 감정을 좀 더 분명하게 파악하고 나를 돌볼 수 있게 되지. 일기를 쓰는 동안 마음이 후련해지거나 치유되기도 하고 말이야.

그리고 일기를 쓰면 나의 강점과 약점이 무엇인지, 내가 좋아하고 싫어하는 것은 무엇인지, 내가 무엇을 원하는지에 대해 생각해 볼 수 있는 기회가 늘어나. 이것은 나의 행복과 자아실현으로도 이어지는 거니까.

○ 풀리지 않는 문제를 글로 나타내다 보면 생각도 정리되고 문제 해결 방법이 떠오르기도 해. 지금 당장 해결되지 않더라도 일기장에 적어 두면 시간을 두고 그 문제의 해결 방법을 찾을 수도 있고 말이야. 어른이 된 나와 함께 찾아볼 수도 있단다!

일기를 쓰면서 하루를 되돌아보고 더 나은 모습이 되려고 노력하다 보면 어느새 훌쩍 성장한 나를 발견할 수 있을 거야.

● 사진 일기와 영상 일기를 쓰다 보면, 사진과 영상을 찍는 실력도 자연스럽게 늘고 말이야.

○ 일기를 왜 써야 하는지 이제 좀 알았으려나?

● 우리를 믿고, 일기 쓰기에 한번 뛰어들어 봐.

● 후회하지 않을 거야!

○ 어린 나를 응원해! 우리는 너에게 글로 쓰는 일기뿐만 아니라 그림, 사진, 영상으로 남기는 일기에 대해서도 알려 줄 거야.

● 글과 그림으로 남기는 일기는 나랑 같이 알아 봐!

● 사진과 영상으로 남기는 일기는 나랑 같이 알아보자고!

○ ● ● 그럼 시작해 볼까!

1. 일기에 들어가야 할 내용은?

국어 1-2 ㉯ 〉 9. 겪은 일을 글로 써요

○ 일기를 어떻게 써야 하는지 고민되지? 우린 우선, 겪은 일을 일기로
쓰는 방법에 대해 알아볼 거야. 내 일기장에 남아 있던 일기를 같이
보며 이야기를 나눠 보자.

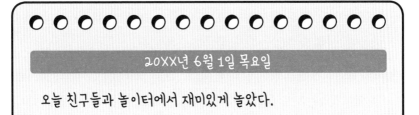

일단, 날짜와 요일은 참 잘 썼어. 날짜와 요일이 있어야 시간이 많이 지나고 나서도 언제 있었던 일인지 알 수 있거든.

날씨를 쓰는 것도 중요해. 날씨에 따라서 기분이 달라질 때가 있지? 그날 햇빛이 쨍쨍 비쳤는지 비가 주룩주룩 내렸는지에 따라 내가 어떤 마음인지 더 잘 알 수 있잖아. 그리고 날씨를 쓰면 그날의 배경과 경험을 잘 떠올릴 수 있게 되니까.

일기를 쓸 때 제목을 쓰는 것도 좋아. 일기의 제목은 일기의 내용을 대표하니까 나중에 다시 찾아볼 때 제목을 보면 내용을 쉽게 파악할 수 있어. 일기의 제목을 무엇으로 할지 생각해 보는 것도 참 재미있는 일이고 말이야.

앞의 일기에서는 친구 누구랑 놀았는지 좀 더 자세히 써 보는 건 어떨까? 내 일기장을 펴면, 초등학생 때 친했던 민정이와 미란이 이름이 나와. 이제 얼굴은 잘 생각나지 않지만, 나는 그 애들의 이름을 오래도록 기억하며 즐거웠던 그날을 다시 떠올릴 수 있지. 어디에서 놀았는지는 잘 써 두었네.

놀이터에서 놀았던 것을 그냥 '재미있게 놀았다'로만 끝내니, 어른이 된 지금 보았을 때는 무엇을 하고 놀았는지 몰라서 너무 아쉬워. 숨바꼭질을 했어? 옥상 탈출을 했어? 도둑과 경찰? 나는 너무 궁금해. 어떻게 놀았는지도 궁금하고 말이야.

놀았을 때 재미있었다는 건 알겠어. 어떤 점이 재미있었는지, 그게 왜 재미있었는지도 궁금해지네. 나는 몰라도, 너는 알 수 있을 테니까 좀 더 자세히 써 줬으면 좋겠어!

🐣 정리해서 다시 말해 줄게. 겪은 일을 일기로 쓸 때는 다음과 같은 내용이 들어가야 해.

① 날짜와 요일 쓰기

② 날씨 쓰기

③ 제목 쓰기

④ 언제, 어디서, 누구와, 무슨 일이 있었는지 쓰기

⑤ 생각이나 느낌 쓰기

🗨 그럼, 더 자세히 알아볼까!

2. 날씨 쓰기

👧 날씨를 쓸 때, '맑음, 흐림, 비, 눈'처럼 간단하게 쓸 때가 많지? 날씨는 다음과 같이 자세히 표현해 볼 수도 있단다.
- 아이스크림이 금방 녹아 흘러내림.
- 솜사탕 같은 구름이 둥둥 떠다님.
- 목련꽃이 비에 하나둘 떨어지는 날
- 굵은 빗방울이 우산을 때림.
- 어제와는 다르게 시원해진 공기
- 온 세상이 하얗게 변한 날

이렇게 자세히 쓰는 것이 일기를 생생하게 만들거든.

🔍 자, 지금부터는 날씨 표현을 다음 표에 쓰며 연습해 볼까? 재미있는 표현을 많이 떠올려 보자!

날씨	자세한 날씨 표현
맑은 날	• 햇살이 눈부셔서 선글라스를 쓰고 싶은 날 • _____ • _____
흐린 날	• 하늘이 회색 구름으로 가득 차서 갑갑해! • _____ • _____
바람 부는 날	• 바람이 살랑살랑 춤추는 날 • _____ • _____
비 오는 날	• 투둑투둑 내리는 비에 신발이 다 젖은 날 • _____ • _____

날씨	자세한 날씨 표현
눈 오는 날	• 눈사람을 만들기 딱 좋은 날 • _____ • _____
더운 날	• 계속해서 땀이 흘러내린 날 • _____ • _____
추운 날	• 손이 꽁꽁 얼어 펴기 힘들었어……. • _____ • _____

🐵 같이 연습해 봤으니, 앞으로 일기를 쓸 때 날씨도 자세히 나타내기로 하자!

3. 제목 쓰기

국어 1-2 ㉯ 〉 9. 겪은 일을 글로 써요

👩 일기의 제목은 일기의 내용을 대표하는 것으로 쓰는 것이 좋아. 중요한 사건이나 감정을 제목으로 쓰는 것처럼 말이야. 다음 일기를 보고 일기의 제목을 같이 생각해 보자.

20XX년 4월 3일 월요일   날씨: 모래알이 반짝거린 날

> *(빈칸)*

체육 시간에 달리기를 했다. 나는 달리기를 정말 좋아해서 달리기를 한다는 말을 들었을 때 신이 났다.

내가 달릴 차례가 되었다. 출발! 소리와 함께 열심히 달렸다. 그런데 중간쯤 달리다가 모래에 미끄러져 넘어지고 말았다. 무릎이 너무 아팠지만, 다시 일어나서 달렸다. 꼴등을 해서 속상한 마음이 들었는데 친구들과 선생님이 넘어져도 끝까지 달린 내가 대단하다고 말해줘서, 다시 기분이 좋아졌다.

끝까지 포기하지 않는 것이 중요하다는 것을 깨달았다. 그래도 다음에는 넘어지지 말아야지.

<달리기하다 꽈당!>은 어떨까? 달리기하다가 넘어진 게 중요한 사건이니까.

<달리기에서 중요한 것>이란 제목도 괜찮은 것 같아. 끝까지 포기하지 않는 것이 중요하다는 것을 깨달았으니까.

그러면 이번에는 이 일기를 보고 일기의 제목을 같이 생각해 보자.

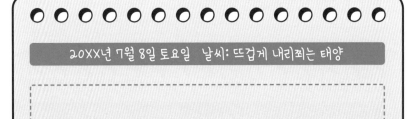

20XX년 7월 8일 토요일   날씨: 뜨겁게 내리쬐는 태양

부모님과 함께 워터파크에 놀러 갔다. 올해 들어 워터파크에 가는 것은 처음이라 너무 기대되었다.

차를 타고 한 시간 만에 워터파크에 도착! 우리 가족은 수영복으로 갈아입고 물로 뛰어들었다. 시원한 물에서 첨벙거리니 너무 신났다. 미끄럼틀은 무서워서 한 번밖에 못 탔다. 가장 재미있는 것은 파도 풀이었다. 파도가 칠 때, 물에서 점프하는 것이 재미있었다. 철썩철썩 파도가 칠 때 우리 가족은 뿅뿅 튀어 올랐다. 부모님도 파도 풀이 제일 재미있었다고 하셨다.

얼마 전에 이번 여름이 무덥다는 뉴스를 보았다. 이번 여름에 워터파크에 자주 가서 파도 풀에서 많이 놀고 싶다. 적어도 다섯 번은 가고 싶다.

○ <부모님과 워터파크에 가다!>는 어떨까? 누구와 어디에 갔는지가 중요해서 지어 본 제목이야.

👵 <파도 풀 최고!>란 제목도 괜찮은 것 같아. 가장 재미있었던 것이 파도 풀이었으니까.

○ 일기에 어울리는 제목이 딱 하나만 있는 것은 아니니까, 일기 내용을 잘 나타내는 제목, 나의 감정을 잘 나타내는 제목, 나의 개성을 살리는 창의적인 제목을 지어 봐!

4. 글감 고르기

국어 1-2 ④ 〉 9. 겪은 일을 글로 써요

◯ 어떤 일을 일기로 써야 할지 고민될 때가 많지? 하루 동안 한 일을 차근차근 떠올려 보면 글감을 찾을 수 있단다.

👧 저번 주말 나의 하루에 대해 말해 볼게. 나는 아침에 <u>토스트</u>를 구워 먹고 도서관에 가서 책을 읽었어. 점심 때는 친구를 만나 닭갈비를 사 먹었지. 오후에는 영화관에 가서 재미있는 영화를 보았어. 저녁에는 운동장 산책을 1시간 동안 했어. 알찬 하루였지? 너도 하루 동안 한 일을 떠올려 다음 표에 써 봐!

시기	일어난 일
아침	• 가장 좋아하는 음식인 팬케이크를 먹음. • _____ • _____
점심	• 친구들과 3:3으로 공놀이를 함. • _____ • _____

저녁	• 아빠가 닭강정을 사 오심. • _____ • _____

하루 동안 일어난 일들을 잘 떠올릴 수 있었니?

Q 일기는 그날그날 있었던 일이나 생각, 느낌 등에 대한 기록이라고 앞에서 말했는데……. 일기장에 꼭 '오늘의 일'만 써야 하는 것은 아니야. 오늘이 아니라도, 일상생활에서 겪었던 일 중, 기억에 남는 일을 글로 써도 된단다. 그럼, 일상생활에서 겪었던 일을 떠올려 다음 표에 써 볼까?

시기	일어난 일
학교 가는 날	• 선애가 리코더 연습을 같이 해줌. • _____ • _____
주말	• 영화관에 가서 재미있는 영화를 봄. • _____ • _____

방학	• 눈썰매장에 가서 온종일 눈썰매를 탐. • _____ • _____
공휴일 이나 명절	• 설날에 친척들과 윷놀이를 함. • _____ • _____

👧 감정에 따른 글감을 생각해 봐도 좋아. 일상생활을 하다 보면 기뻤던 일, 슬펐던 일, 즐거웠던 일, 속상했던 일 등을 겪잖아. 그 일들도 글감이 되거든. 나는 친구가 깜짝 생일 파티를 해 줘서 무척 기뻤던 적이 있어. 너도 여러 가지 감정을 느꼈던 경험을 떠올려서 다음 표에 써 봐!

감정	일어난 일
기쁨	• 선생님께서 공책 정리를 잘했다고 칭찬해 주심. • _____ • _____
슬픔	• 보고 싶었던 TV 프로그램을 낮잠 잔다고 놓침. • _____ • _____
화남	• 동생이 간식을 다 먹어 버림. • _____ • _____
즐거움	• 윤희, 채연이와 같이 방과 후에 놀이터에서 놂. • _____ • _____

○ 지금까지의 여러 가지 일들을 잘 떠올려 보았니? 그중 가장 기억에 남는 일은 뭐였는지 써 볼래?

그 일에 대해 일기를 써 보면 되겠다.

떠올린 여러 가지 일들이 많으니까, 그중 일기로 쓰고 싶은 일이 더 있다면 다음번에 일기로 써 봐도 돼!

5. 겪은 일 정리하기

국어 1-2 ④ 〉 9. 겪은 일을 글로 써요

🧑 글감을 정했으면 겪은 일을 정리하는 방법을 알아보자!

　겪은 일을 정리할 때는 '언제, 어디서, 누구와, 무슨 일이 있었는지'와 겪은 일에 대한 '생각이나 느낌'을 빠뜨리지 않고 써야 해. 그래야 내가 나중에 다시 읽었을 때나 다른 사람들이 읽었을 때도 무슨 일이 있었는지 잘 알 수 있거든.

🔍 겪은 일을 정리한 예시를 보여 줄게.

겪은 일	언제	과학 시간에
	어디서	학교 운동장에서
	누구와	우리 반 친구들과
	무슨 일	비행기 날리기 대회를 했다. 내 비행기가 우리 반에서 가장 멀리까지 날았다. 선생님과 친구들이 "비행기 너무 잘 만들었다!"라고 말했다.
생각이나 느낌		비행기가 멀리까지 날아가서 정말 신났다. 선생님과 친구들이 감탄했을 때는 뿌듯했고, 어서 부모님께 자랑하고 싶었다.

👧 어때? 언제, 어디서, 누구와, 무슨 일이 있었는지를 쓰니 상황이 머릿속에 잘 그려지지? 이번에는 다음 표에 네가 겪은 일을 써 봐!

겪은 일	**언제**	
	어디서	
	누구와	
	무슨 일	
생각이나 느낌		

💬 일기 쓰는 법, 이제 좀 알 것 같지? 일기 쓰기의 뼈대를 알게 되었으니, 지금부터는 일기를 좀 더 알차게 채워 나가는 법을 알아보자.

6. 생각이나 느낌 표현하기

국어 1-2 ④ 〉 9. 겪은 일을 글로 써요

🧒 일기에 생각이나 느낌을 쓸 때, 습관적으로 "참 재미있었다"라고 쓴 적이 있지 않니? 생각이나 느낌을 나타내는 표현은 여러 가지가 있으니 우리 같이 생각해 볼까?

💬 생각나는 표현들을 빈 사과 열매에 써 보자.

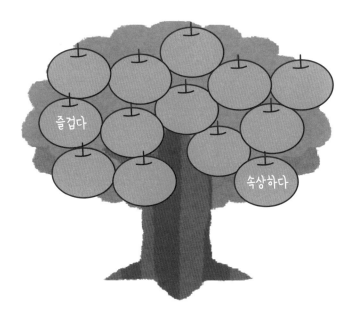

🧒 여러 가지 표현들을 생각해 낼 수 있었니? 생각이나 느낌을 나타내는 표현들은 아주 다양하단다. 다음 낱말들을 살펴보렴.

간절하다	만족하다	여유롭다	통쾌하다
감동적이다	멋지다	열정적이다	편안하다
고맙다	반갑다	웃기다	포근하다
괜찮다	벅차다	자랑스럽다	평화롭다
궁금하다	부끄럽다	자신 있다	행복하다
기대하다	뿌듯하다	자유롭다	홀가분하다
기쁘다	사랑스럽다	재미있다	확실하다
놀라다	설레다	좋다	환상적이다
다행스럽다	소중하다	즐겁다	활기차다
두근거리다	시원하다	진지하다	후련하다
든든하다	신나다	짜릿하다	흐뭇하다
들뜨다	심심하다	차분하다	흥미롭다
떨리다	안심하다	친절하다	희망차다

걱정스럽다	불쌍하다	안쓰럽다	자신 없다
곤란하다	불안하다	안타깝다	재미없다
괴롭다	불쾌하다	약 오르다	조마조마하다
귀찮다	불편하다	얄밉다	지루하다
답답하다	서운하다	어리둥절하다	지치다
당황하다	섬뜩하다	어색하다	질투 나다
두렵다	성가시다	어이없다	짜증나다
막막하다	소름끼치다	억울하다	찝찝하다
무섭다	소심하다	오싹하다	창피하다
미안하다	속상하다	외롭다	허무하다
밉다	슬프다	우울하다	화나다
부끄럽다	실망스럽다	울고 싶다	후회하다
분하다	쓸쓸하다	의심스럽다	힘들다

낱말들을 잘 살펴보았니? 일기를 쓸 때 내 마음을 가장 잘 나타내는 낱말을 찾아서 써 봐. 예를 들면 다음과 같이 말이지.

- 민욱이와 친구인 것이 너무 행복했고, 앞으로도 계속 친하게 지낼 거다.
- 시험이 끝난 게 너무 후련해서, 운동장으로 뛰어나가 노래라도 부르고 싶었다.
- 영화의 마지막에 악당이 벌을 받게 되어 짜릿하고 통쾌했다.
- 내일, 조사한 것을 발표해야 하는데 아직 준비를 제대로 못 해서 너무 걱정된다.
- 현우와 오해를 풀지 못해서 속상했고, 울고 싶었다.

○ 일기를 쓸 때, 겪은 일에 대한 반성을 쓰는 것도 좋아. 나의 하루를 돌아보고 부족했던 점을 개선해야겠다고 생각해 보는 거지.

'앞으로는 이렇게 해야지!' 하는 다짐을 쓰거나 실천하려는 각오를 쓰는 것도 좋아. 일기에 쓰고 실천에 옮기다 보면 점점 발전하게 될 테고 좀 더 나은 내가 될 수 있지.

7. 자세히 쓰기

국어 2-1 ㉮ 〉 6. 차례대로 말해요
국어 2-1 ㉯ 〉 9. 생각을 생생하게 나타내요

🧑 일기를 쓸 때 자세하게 쓰는 것도 중요해. 자세하게 써야 나중에 다시 읽었을 때, 무슨 일이 있었는지 잘 알 수 있잖아.

자세하게 쓰려면 어떻게 해야 할까?

우선, 겪은 일을 차례대로 정리할 줄 알아야 해. 겪은 일을 차례대로 정리할 때는 다른 사람에게 말하듯이 마음속으로 이야기해 보는 것도 좋은 방법이야. 먼저 겪은 일, 그다음 겪은 일, 그리고 그다음 겪은 일이 무엇인지 차례대로 떠올려 마음속으로 이야기해 보는 거지. 일기 쓰기 전, 떠올린 것들을 간단히 메모해 두는 것도 좋아.

예를 들면, 친구의 생일 파티에 놀러 갔던 일을 일기로 쓰기 전, 겪은 일을 차례대로 떠올려 보는 거야(언제, 어디서, 누구와, 무슨 일이 있었는지를 떠올려 보는 거지).

> ① 친구가 생일 파티에 초대해 줘서 친구의 생일 선물로 무엇을 살지 생각함.
> ② 생일 선물로 친구가 좋아하는 캐릭터가 그려진 학용품 세트를 삼.
> ③ 친구의 생일 파티에서 생일을 축하하고 선물을 줌.
> ④ 정말 즐거웠고 친구와 더 친하게 지내야겠다고 생각함.

떠올린 내용을 바탕으로, 중간중간에 나의 생각이나 느낌을 넣어 일기를 쓰는 거야.

○ ○ ○ ○ ○ ○ ○ ○ ○ ○ ○ ○ ○ ○ ○ ○ ○

20XX년 5월 20일 토요일 날씨: 바람이 휘파람을 부는 날

〈현주의 생일 파티〉

어제 현주가 생일 파티에 초대해 줬다. 친구 생일 파티에 초대된 것은 처음이라 너무 기뻤다. 생일 선물로 무엇을 살지 고민하다가 현주가 좋아하는 고양이 캐릭터가 그려진 학용품 세트를 문방구에서 본 것이 떠올랐다. 이거다!

오늘 생일 파티에 가기 전에 문방구에 들러서 학용품 세트를 샀다. 현주가 좋아하는 고양이 캐릭터가 크게 그려져 있어서, 현주 마음에도 쏙 들 것 같았다.

현주 집에 도착해서 친구들과 함께 생일 축하를 했다. 같이 생일 축하 노래도 부르고 케이크도 먹으며 즐거운 시간을 보냈다. 내가 선물을 주자 현주가 "이거 내가 너무 갖고 싶었던 건데!"라며 좋아해서 나도 무척 기뻤다.

정말 즐거운 생일 파티였고, 현주와 더 친해진 기분이 들었다. 앞으로도 현주와 잘 지내며 서로의 생일을 축하해 주고 싶다.

어때? 겪은 일을 차례대로 쓰니, 무슨 일이 있었는지 더 잘 알 수 있지?

ℚ 그럼, 일기를 자세하게 쓰는 또 다른 방법에는 무엇이 있을까? 일기를 쓸 때 꾸며 주는 말을 사용하는 거야. 그러면 일기를 다시 읽었을 때 머릿속에 그려지는 그림이 더 선명해지지. 무슨 말이냐고? 다음 예시를 보자.

> • 거실에는 소파와 테이블이 있다.
> • 거실에는 노란 소파와 둥근 테이블이 있다.

앞의 두 문장은 거실의 모습을 설명한 문장이야. 첫 번째 문장보다 두 번째 문장을 읽었을 때 거실의 모습이 더 구체적이고 생생하게 그려지지? 꾸며 주는 말은 '노란'이나 '둥근'과 같이 뒤에 오는 말을 꾸며서 그 뜻을 자세하게 해 주는 말이야. '방울방울', '또각또각'처럼 흉내 내는 말도 꾸며 주는 말이지.

그럼, 꾸며 주는 말을 쓰는 연습을 해 볼까? 다음 그림을 보고 꾸며 주는 말을 써서 표현해 보자.

그림	꾸며 주는 말을 써서 표현하기
	• 귀여운 원숭이가 맛있는 바나나를 손에 들고 있다.

	• _____
	• _____
	• _____

같은 사물을 봐도 사람마다 그것에 대한 생각이나 느낌이 다르기 때문에, 네가 생각하기에 가장 적절하다고 생각되는 꾸며 주는 말을 선택해서 쓰면 돼.

👧 자세하게 쓰는 또 다른 방법을 하나 더 알아볼까? 일기를 쓸 때 대화문을 넣어서 쓰는 거지. 그러면 좀 더 생생하고 실감 나게 당시의 상황을 알 수 있단다. 대화문이 그대로 담겨 있으면 나중에 다시 읽었을 때 그 대화가 생생하게 떠올라 감동을 느낄 수 있지. 내 어릴 적 일기장에는 "희정아, 방 치우고 놀아라"라는 엄마의 말씀이 적혀 있어. 그 짧은 문장에서도 나를 향한 엄마의 사랑이 느껴져서 마음이 따뜻해져.

그럼, 대화문이 없는 글과 있는 글을 비교해 볼게.

> • 엄마가 점심으로 만든 김밥은 참치와 깻잎과 볶은 김치가 들어간 김밥이었다. 엄마와 나는 엄마가 만든 김밥이 최고의 김밥이라는 이야기를 나누었다.
> • 엄마가 점심으로 만든 김밥은 참치와 깻잎과 볶은 김치가 들어간 김밥이었다. 엄마는 "내가 만들었지만 정말 최고의 김밥이다!"라고 하셨다. 나는 "제가 먹어봐도 우주에서 제일 맛있는 김밥인데요!"라고 말했다.

대화문이 들어간 아래의 글이 훨씬 생생하고 실감 나지?

그럼, 다음 글의 밑줄 친 부분을 대화문을 넣어 바꿔 쓰는 연습을 해 보자.

> • 정민이는 나에게 500원을 빌린 적이 없다고 말했다. 저번 주 월요일에 분명히 빌려 줬는데 말이다. 500원을 달라고 했더니 생사람 잡지 말라고 했다. 나는 어이가 없었다.
>
> • _____
> _____
> _____

◯ 일기를 쓸 때, 자세히 쓰기를 부탁할게. 고마워.

8. 고쳐 쓰기

국어 6-2 ㉯ 〉 7. 글 고쳐 쓰기

👵 일기를 다 쓰고 고쳐 쓰기를 하면 좀 더 좋은 글을 얻을 수 있어. 자신의 일기가 다음 기준을 만족하는지 점검해 보자.

점검 질문	점검 결과(O, X)
① 날짜와 요일, 날씨, 제목을 썼나요?	
② 언제, 어디서, 누구와 있었던 일인지 썼나요?	
③ 무슨 일이 있었는지 썼나요?	
④ 생각이나 느낌을 썼나요?	
⑤ 인상 깊었던 한 가지 일에 대해 자세히 썼나요?	
⑥ 맞춤법에 맞게 쓰고, 띄어쓰기를 바르게 했나요?	

점검해 보고, 수정이나 보충이 필요한 부분이 있으면 고쳐 써 보자.

❍ 고쳐 쓰기를 할 때 다음과 같은 교정 부호를 사용해도 된단다.

교정부호	쓰임	예
∨	띄어 쓸 때	사랑하는∨엄마
⌒	붙여 쓸 때	좋아⌒하는 친구
 ♂	한 글자를 고칠 때	쳐 고처 써야지.
 �	여러 글자를 고칠 때	노란색 파란색 풍선
 ৶	글자를 뺄 때	감자와 고구마를 좋아해.
Y	글의 내용을 추가할 때	만화 내 취미는 책 읽기

🧑 다음 일기를 같이 살펴보고 교정 부호를 사용해 고쳐 써 보자.

<전학생이 우리 반에!>

1교시 시작할 때, 처음보는 여자애가 우리 반에 왔다. 선생님은 단발머리에 빨간색 목도리를 한 그 애를 서울에서 온 전학생이라고 소개해 주셨다.

"안녕? 내 이름은 연주야. 방학까지 얼마 남지 않았지만, 친하게 지내며 즐거운 추억을 쌌고 싶어"라고 자기를 소개한 전학생.

내 자리 옆이 비어 있어서 연주는 내 짝이 되었다. 쉬는 시간 마다 아이들이 연주 근처로 몰려들어서, 나는 오늘 연주랑 대화를 제대로 나누어 보지 못했다.

내일은 연주와 이야기를 좀 나누어 보려고 한다. 그리고 마침내 짝이 되었으니 친하게 지내고 싶다.

※ 고칠 사항

① 띄어쓰기: 처음보는→처음 보는

② 붙여쓰기: 시간 마다→시간마다

③ 한 글자 고치기: 쌌→쌓

④ 여러 글자 고치기: 빨간색→분홍색

⑤ 글자 빼기: 마침내

⑥ 글의 내용 추가하기: 근처로 몰려들어서→근처로 바글바글 몰려들어서

○ 다음과 같이 고쳐 썼니?

○○○○○○○○○○○○○○○○○○○

20XX년 11월 27일 월요일   날씨: 뭉게구름을 잔뜩 본 날

<전학생이 우리 반에!>

1교시 시작할 때, 처음보는 여자애가 우리 반에 왔다. 선생님은 단발 머리에 빨간색(분홍색) 목도리를 한 그 애를 서울에서 온 전학생이라고 소개해 주셨다.

"안녕? 내 이름은 연주야. 방학까지 얼마 남지 않았지만, 친하게 지내며 즐거운 추억을 쌓고 싶어"라고 자기를 소개한 전학생.

내 자리 옆이 비어 있어서 연주는 내 짝이 되었다. 쉬는 시간 마다 아이들이 연주 근처로 몰려들어서, 나는 오늘 연주랑 대화를 제대로 나누어 보지 못했다.

내일은 연주와 이야기를 좀 나누어 보려고 한다. 그리고 마침내 짝이 되었으니 친하게 지내고 싶다.

👧 고쳐 쓰기를 하면 일기의 완성도가 높아지지.

○ 고쳐 쓰기를 부탁해. 소중한 보물인 내 어린 시절 일기들을 더 빛나게 해 줘!

👧 이제, 겪은 일을 직접 일기로 써 볼 차례야. 지금까지 배운 내용을 잘 기억하며 일기를 써 보자.

겪은 일을 일기로 쓰기

20 년 월 일 요일 날씨:

〈제목: 〉

겪은 일을 일기로 쓰기

20　년　월　일　요일　날씨:

〈제목:　　　　　　　　　　　　　〉

겪은 일을 일기로 쓰기

20　년　월　일　요일　날씨:

〈제목:　　　　　　　　　　〉

여러 가지
형식의
글 일기

1. 소개 일기

국어 2-2 ㉮ 〉 6. 자세하게 소개해요

🧑 앞에서는 '겪은 일을 일기로 쓰는 방법'을 자세히 알아보았지. 지금
부터는 여러 가지 형식의 일기를 알아볼 거야. 일기에 꼭 겪은 일만
써야 하는 건 아니거든.

첫 번째로 알아볼 것은 '소개 일기'야. 소개 일기는 알려주고 싶은
것을 설명하는 내용의 일기야. 가족, 좋아하는 음식, 좋아하는 운
동, 우리 마을 등에 대해 소개할 수 있지.

🔍 우선은 가족 소개를 해 줬으면 좋겠어. 희정이가 초등학생 때 가족
을 소개한 글을 읽으니 부모님의 젊었을 적 모습이 잘 담겨 있어서
부러웠거든. 당연한 이야기지만, 나뿐만 아니라 부모님도 점점 나

이가 들어 가잖아. 어렸을 적 일기를 통해 부모님의 젊었을 적 모습을 만나면 무척 반가울 것 같아!

🧑 가족을 소개할 때, 가족의 모습, 성격, 취미, 잘하는 것, 좋아하는 것, 싫어하는 것 등에 대해 조사해서 쓸 수 있어.

내가 어렸을 때 썼던 일기를 보여줄게.

20XX년 3월 2일 화요일 날씨: 따사로운 햇살에 일광욕한 날

⟨우리 가족을 소개합니다⟩

우리 가족을 소개합니다.

아빠는 고등학교 선생님입니다. 학생들에게 전기 과목을 가르치신대요. 아빠는 주말에 등산하는 것을 좋아해서, 우리 가족이 다 같이 산에 오르곤 합니다. 등산은 힘들어도 가족이 다 같이 가면 즐거워요. 아빠가 좋아하는 음식은 카레입니다.

엄마는 초등학교 선생님입니다. 엄마는 요리를 정말 잘하십니다. 엄마가 만든 떡볶이는 정말 최고입니다. 일기를 쓰다 보니 군침이 도네요. 엄마는 주말 드라마 보는 것을 좋아합니다. 요즘에는 ⟨사랑은 오늘부터⟩를 보고 있습니다. 저도 가끔 같이 보는데 재미있어요.

동생은 저보다 세 살 어립니다. 동생은 축구를 좋아해서 축구 클럽에 다니고 있습니다. 가끔 저랑도 같이 축구를 하는데 실력이 대단합니다. 동생이 좋아하는 음식은 짜장면과 탕수육입니다. 저랑은 사이가 좋은 편입니다.

   우리 가족은 서로의 이야기를 잘 들어 줍니다. 그래서 가족이 다 같이 모이는 저녁 시간이 참 좋습니다. 앞으로도 지금처럼, 우리 가족이 즐겁고 행복했으면 좋겠습니다.

🐢 어때? 자세하지?

◯ 나도 어린 시절의 내가 관찰하고 느낀 우리 가족의 모습에 대해 자세히 알고 싶어. 일기장에 우리 가족에 대해 좀 남겨 줄래? 이 세상에서 나의 부탁을 들어 줄 수 있는 사람은 세상에 단 한 사람! 바로 너밖에 없어. 꼭 좀 부탁할게.

그럼, 직접 써 보자고!

가족 소개 일기

20 년 월 일 요일 날씨:

〈제목:　　　　　　　　　　〉

○ 가족을 소개해 줘서 정말 고마워. 그런데, 가족뿐만 아니라 친구나 선생님에 대해서도 소개해 줬으면 좋겠어. 어린 내가 주변 사람들에 대해서 어떻게 생각하고 있었는지가 정말 궁금해. 나는 어떤 사람들을 좋아했지? 어린 시절 내 주변에는 어떤 사람들이 있었지? 너라면 알 수 있겠지!

🧑 주변의 사람들뿐만 아니라 나를 소개하는 글을 써 보는 것도 좋지. 나의 취미, 특기, 좋아하는 음식, 동물, 음악, 만화, 게임, 내가 존경하는 사람……. 나에 대한 수많은 것들에 대해서도 일기로 써 봐. 그럼, 친구를 소개한 일기의 예시를 보여 줄게.

〈숙영이를 소개합니다〉

내 친구 숙영이를 소개합니다. 숙영이는 제가 8살 때 같은 반이 되어 알게 된 친구입니다. 저는 숙영이를 착한 애로 보고 있습니다. 숙영이는 제가 아플 때 "괜찮아?" 하고 물어봐 주거나 보건실에 같이 가 주기 때문입니다.

숙영이는 와플을 좋아합니다. 그래서 숙영이와 주말에 만나면 와플을 사 먹을 때가 많습니다. 숙영이의 취미는 음악을 듣는 것입니다. 좋아하는 가수는 방탄소년단이라고 합니다. 숙영이가 노래를 들려 줘서 저도 몇 곡 들어 봤는데 노래가 정말 좋았습니다. 중학생이 되면 같이 콘서트에 가기로 약속했습니다.

저는 숙영이가 제 친구라서 정말 행복합니다. 앞으로도 계속 숙영이랑 친하게 지내고 싶습니다.

○ 그럼, 이번엔 직접 소개 일기를 써 보자!

친구나 선생님 소개 일기

20 년 월 일 요일 날씨:

〈제목: 〉

내 소개 일기

20 년　월　일　요일　날씨:

〈제목:　　　　　　　　　〉

---

2. 편지 일기

국어 2-1 ㉮ 〉 5. 낱말을 바르고 정확하게 써요 〉
[6-7차시] 마음이 잘 드러나게 편지 쓰는 방법 익히기

👤 누군가에게 편지를 써 본 경험이 있니? 편지는 안부나 소식을 전하기 위해 적어 보내는 글을 말해. 누군가에게 마음을 전하고 싶어졌을 때는 일기장에 편지를 써 보는 것도 좋아.

💬 편지에 들어가야 하는 내용을 빠뜨리지 않고 쓰면 좋겠지. 편지에는 다음 내용이 들어가야 해.

① 받을 사람

② 첫인사

③ 전하고 싶은 말

④ 끝인사

⑤ 쓴 날짜

⑥ 쓴 사람

👤 내가 어렸을 때 선생님께 썼던 편지를 같이 한번 봐!

(받을 사람) 윤정애 선생님께

(첫인사) 선생님 안녕하세요. 희정이에요.

(전하고 싶은 말) 저희를 위해 재미있는 교실 놀이를 준비해 주셔서 감사합니다. '범인을 찾아라'와 '이구동성'이라는 교실 놀이가 가장 재미있었어요. 교실 놀이를 통해 친구들이랑 더 친해져서 좋았어요. 선생님께서 재미있는 놀이를 많이 소개해 주셔서 학교 다니는 게 즐거워요. 앞으로도 열심히 참여할게요. 정말 고맙습니다.

(끝인사) 그럼 안녕히 계세요.

(쓴 날짜) 20XX년 5월 15일

(쓴 사람) 희정 올림

👵 들어가야 할 내용을 빠뜨리지 않고 썼지?

너도, 마음을 전하고 싶은 사람을 떠올려 편지를 써 봐. 일기장에 편지를 쓰고, 그것을 복사해서 보내거나, 편지지에 쓴 편지를 복사해서 일기장에 붙여도 돼!

🔍 친구에게 받은 편지가 있으면 일기장에 붙이고, 그 편지에 대한 답장을 일기로 써 보는 것도 좋아. 받은 편지를 일기장에 붙여 두면 오랫동안 보존할 수 있거든(우리는 일기장을 미래로 안전하게 보낼 거니까).

👵 그럼, 다음 장에 써 볼까!

편지 일기

○ 일기 쓰기를 잘 따라오고 있니? 우리 같이 연습해 본 이 모든 것들도 소중한 보물이 될 테니까. 같이 힘내 보자!

☻ 편지 일기가 꼭 받는 사람의 손으로 전달되어야 하는 것은 아니야. 존경하는 위인께 편지를 쓰거나 내가 좋아하는 연예인에게 편지를 쓸 수도 있지. 책이나 만화, 영화 속의 인물에게 편지를 쓸 수도 있고, 이제는 만나지 못하는 사람에게 편지를 쓸 수도 있단다.

○ 미래의 나에게 편지를 쓸 수도 있어. 어른이 된 나를 생각하며 편지를 써 보는 것은 어때? 네가 나에게 편지를 쓰는 거지. 지친 어느 날, 어린 내가 보낸 편지를 읽으면 무척 힘이 날 것 같아. 어른이 된 나에게 따뜻한 격려의 편지를 써줘. 어른이 된 나에게 당부하고 싶은 말을 써줘도 괜찮고. "이것은 꼭 지켜야 해!" 그런 것 있잖아. 어른이 된 나에게 궁금한 것을 물어보는 편지도 좋아.

그럼, 나에게 쓰는 편지 일기를 부탁해!

어른이 된 나에게 쓰는 편지 일기

3. 독서 일기

🐣 책을 읽고 난 후에 떠오른 생각이나 느낌을 적는 '독서 일기'를 써 보는 것도 좋아. 독서 일기는 '독서 감상문'이라고도 하지. 독서 일기에는 보통, 다음의 내용이 들어가.

① 책을 읽게 된 까닭

② 책 내용

③ 인상 깊은 부분

④ 책을 읽고 생각하거나 느낀 점

독서 일기를 쓰면 인상 깊은 장면을 오래도록 기억할 수 있고, 읽은 책의 내용을 한 번 더 깊이 생각해 볼 수 있어. 글을 읽고 느낀 재미나 감동을 친구들과 나눌 수도 있고 말이야.

그리고 어른이 되어서 어린 시절에 읽었던 책을 다시 읽어 보는 것도 꽤 재미있는 일이거든. 어린 나의 감상과 어른이 된 나의 감상을 비교해 보는 건 꽤 즐거운 일이야.

내가 어렸을 때 쓴 독서 일기를 보여 줄게!

20XX년 3월 4일 목요일   날씨: 3월인데 왜 이렇게 춥지?

<《어린 왕자》를 읽고>

《어린 왕자》라는 책을 읽었다. 민후가 재미있다며 추천해줘서 읽게 되었다.

이 책에는 여러 행성을 여행하는 어린 왕자가 나온다. 파일럿인 '나'는 어린 왕자를 만나 여러 가지 이야기를 듣는다.

가장 인상 깊었던 장면은 어린 왕자가 장미꽃에 대해 생각하는 장면이었다. "내 장미꽃 하나가 수백 개의 다른 장미꽃들보다 훨씬 중요해. 내가 물을 준 건 바로 그 장미꽃이니까!"라는 어린 왕자의 말에서, 친구가 되려면 마음과 정성을 쏟아야 한다는 것을 깨달았다.

《어린 왕자》를 읽고 사랑과 우정의 중요성을 느꼈다. 나도 진실한 우정을 키워 나가고 싶다.

Q 최근에 읽은 인상 깊은 책 세 권을 떠올려 봐.

①
....
②
....
③
....

그중 한 권에 대한 독서 일기를 직접 써 보자.

독서 일기 쓰기

20　년　월　일　요일　날씨:

〈제목:　　　　　　　　　〉

4. 감상 일기

👦 영화, 방송, 공연을 보거나 전시, 행사를 체험한 것에 대한 감상을 일기로 쓸 수도 있단다.

👤 어렸을 때 영화도 많이 보고 여러 가지 체험도 많이 했던 것 같은데 ……. 지금은 거의 잊어버리고, 몇 개만 흐릿하게 기억이 나. 어린 나의 생생한 체험을 듣고 싶은 게, 너무 큰 욕심은 아니겠지?

👦 기록하지 않으면 잊어 버리게 되니까. 그 감동과 즐거움을 오래 기억하기 위해 감상 일기를 써 보자.

감상 일기에는 보통, 다음의 내용이 들어가.

① 영화, 방송, 공연, 전시, 행사 등의 제목

② 보게(체험하게) 된 까닭

③ 재미있거나 인상 깊은 부분

④ 보고(체험하고) 생각하거나 느낀 점

👤 영화에 대한 감상 일기를 쓸 때는 인상 깊은 대사, 장면, 등장인물에 관해 쓰거나……. 주제나 줄거리를 써도 된단다!

👦 콘서트에 다녀와서는, 가장 좋았던 노래들의 제목과 감상을 써도 되고 말이야.

👤 티켓이 있다면, 일기장에 붙여 둬. 그것도 내 어린 시절의 소중한 자

료니까.

🐷 그럼, 감상 일기의 예시를 보여 줄게.

○○○○○○○○○○○○○○○○○○

20XX년 12월 31일 토요일 날씨: 우산을 또닥또닥 때리는 빗방울

〈영화 〈알라딘〉을 보러 영화관에!〉

동화책으로 재미있게 읽은 〈알라딘〉이 영화로도 개봉했다는 소식을 들었다. '가족들과 꼭 보러 가야지!'란 생각이 들어, 부모님과 같이 영화관에 가게 되었다.

영화관에서 보니, 집에서 영화를 보는 것보다 웅장하고, 내가 마치 그 세계에 빨려 들어간 것 같아 좋았다.

알라딘이 자스민과 같이 양탄자를 타고 밤하늘을 날아 여러 장소에 가는 장면이 가장 인상 깊었다. 나도 그 양탄자를 타고 어디든 날아다니고 싶었기 때문이다.

알라딘이 마지막 소원으로 지니를 자유롭게 해 주는 장면에서, 알라딘이 무척 멋있게 느껴졌다. 아빠는 "나라면 그 소원을 빌기 어려웠을 것 같아"라고 하셨다. 나는 "저도 한참 고민했을 것 같아요!"라고 대답했다.

영화관에 가서 가족과 즐거운 시간을 보낸 것도 좋았고, 동화책과 영화 내용을 비교하며 보는 것도 흥미로웠다. 또 영화관에 가서 행복한 시간을 보내고 싶다.

💬 그럼, 감상 일기를 직접 써 봐!

감상 일기 쓰기

20 년 월 일 요일 날씨:

〈제목: 〉

----

5. 시 일기

👧 시로 일기를 쓸 수도 있단다. 생각이나 느낌을 리듬이 있는 말로 간결하게 표현한 글을 시라고 해. 윤동주 시인의 시를 같이 감상해 보자.

봄2

윤동주

우리 아기는
아래 발치에서 코올코올

고양이는
부뚜막에서 가릉가릉

아기 바람이
나뭇가지에서 소올소올

아저씨 해님이
하늘 한가운데서 째앵째앵

시로 표현할 때는 말하고 싶은 내용을 짧은 글로 나타내야 해. '코올코올, 가릉가릉, 소올소올, 째앵째앵'같이, 소리나 모양을 흉내 내는 말을 사용해서 표현할 수도 있지.

이 시도 같이 감상해 볼까?

햇비

윤동주

아씨처럼 내린다
보슬보슬 햇비
맞아 주자 다 같이
옥수숫대처럼 크게
닷 자 엿 자 자라게
해님이 웃는다
나 보고 웃는다

하늘다리 놓였다
알롱달롱 무지개
노래하자 즐겁게
동무들아 이리 오나
다 같이 춤을 추자
해님이 웃는다
즐거워 웃는다

○ '햇비(여우비)'를 '아씨'에 비유했네! 시에는 비유하는 표현을 쓰기도
하지.

☺ 다음 시처럼, 자기 경험이 드러나도록 시를 쓸 수도 있어.

귀뚜라미와 나와

윤동주

귀뚜라미와 나와
잔디밭에서 이야기했다.

귀뚤귀뚤
귀뚤귀뚤

아무에게도 알려 주지 말고
우리 둘만 알자고 약속했다.

귀뚤귀뚤
귀뚤귀뚤

귀뚜라미와 나와
달 밝은 밤에 이야기했다.

윤동주 시인이 달 밝은 밤에 귀뚜라미 소리를 들었던 경험을 떠올

려서 시로 쓴 것처럼 말이야.

○ 그럼, 무엇을 시로 쓸지 생각해 보자. 시로 쓸 대상을 떠올리고 그 느낌을 정리해 보는 거지.

다음 표에, 떠올린 대상에 대한 느낌을 정리해 보자(모든 칸을 다 채울 필요는 없어).

대상	예) 강아지
본 느낌	예) 얼굴이 동글동글하고 몸집이 작고 귀엽다.
들은 느낌	예) "왕왕!" 하며 짖는다.
냄새를 맡은 느낌	예) 발에서 고소한 냄새가 난다.
만져 본 느낌	예) 부드럽고 말랑말랑하다.
맛본 느낌	예) 맛보는 대상이 아니다.

👩 관찰한 것뿐만 아니라 경험한 것, 생각하거나 느낀 것에 대해 시로 써 봐도 된단다. 시로 쓰고 싶은 것을 다음 칸에 정리해 봐.

💬 잘 정리해 보았니? 그럼, 시 일기를 직접 써 보자.

시 일기 쓰기

20 년 월 일 요일 날씨:

〈제목: 〉

----

6. 주장 일기

국어 6-1 ㉮ 〉 4. 주장과 근거를 판단해요
국어 6-2 ㉮ 〉 3. 타당한 근거로 글을 써요

👩 주장 일기를 써 보는 것도 좋아. 일기장에 주장하는 글을 쓰는 거지. 주장하는 글은 어떤 주제에 대해 자신의 주장이나 의견을, 타당한 근거를 들어 쓴 글이야. 다른 사람을 설득하기 위해 쓰는 글이지.

💬 다른 사람을 설득하고 싶은 일이 가끔 생기고는 하잖아.

👩 주장하는 글은 어떻게 쓰면 될까? 다음 예시글을 보고 이야기해 보자.

(서론) 요즘 우리 반에는 급식에서 자신이 좋아하는 음식만 먹고, 좋아하지 않는 음식은 먹지 않는 친구가 많다. 하지만 건강하게 성장하려면 음식을 골고루 먹어야 한다. 왜 음식을 골고루 먹어야 할까?

(본론) 첫째, 우리 몸은 다양한 영양소가 필요하다. 탄수화물, 단백질, 지방, 비타민, 무기질 등은 모두 우리 몸의 올바른 기능을 유지하고 성장에 도움을 주는 역할을 한다. 그런데 자신이 좋아하는 음식만 먹는다면 한두 가지 영양소에만 치우친 음식만 섭취하게 되어, 다른 영양소의 공급이 부족해질 수 있다.

둘째, 초등학생 때의 식습관은 평생을 좌우한다. 초등학생 때 다양한 음식을 맛보고 새로운 음식을 시도하다 보면 성장하면서 다른 음식에 대한 편견이 줄어들어, 다양한 영양소를 섭취할 수 있다.

셋째, 음식을 골고루 먹지 않는 것은 건강에 좋지 않다. 음식을 골고루 먹지 않으면 영양이 결핍되어 영양실조가 올 수도 있고 비만을 유발할 수도 있다. 뼈와 근육 발달에 문제가 생기고 면역력이 약해지기도 한다.

(결론) 이미 골고루 먹지 않는 습관이 생겨 버린 친구들은 그 습관을 바꾸기 어려울지도 모른다. 하지만 지금부터라도 골고루 먹는 습관을 기르도록 노력해서, 건강하고 튼튼하게 성장할 수 있도록 해야겠다.

🧑 주장하는 글은 다음과 같은 짜임을 가지고 있어.

서론	문제 상황, 주장 제시
본론	주장에 적절한 근거 2~3가지 제시
결론	글의 내용 요약, 주장 강조

💬 근거를 뒷받침하는 내용에는 구체적인 예나 다양한 자료를 포함하는 것이 좋아. 주관적인 표현, 모호한 표현, 단정하는 표현은 쓰지 않아야 해.

🧑 그럼, 주장 일기를 직접 써 보자!

주장 일기 쓰기

20 년 월 일 요일 날씨:

<제목: >

----

7. 감사 일기

👵 살아가다 보면 감사한 일이 무척 많다는 것을 알게 돼. 그런데 주의 깊게 살펴보지 않으면 감사한 많은 일들을 그냥 흘려보내게 되지. 감사 일기를 쓰면서 감사한 일들, 감사한 사람들에 대해 생각해 보는 건 어때?

🙂 감사 일기를 쓰려면 감사한 일들을 떠올려봐야 하잖아. 감사 일기를 쓰다 보면 좀 더 긍정적인 마음으로 지낼 수 있고, 행복하게 회상할 일들이 늘어나 있을 거야.

👵 나는 감사 일기를 쓰면서 주변 사람들이 얼마나 소중한지 깨달을 수 있었어. 이렇게 고마운 사람들이라니! 감사한 마음으로 주변 사람들을 대하다 보니, 사이도 더 좋아져 있더라고. 너도 감사 일기를 쓰다 보면 내 말이 무슨 뜻인지 알 수 있을 거야.

🙂 감사 일기는 어떻게 써야 하냐고?

감사 일기에는 감사한 일과 감사한 이유를 쓰면 돼. 하루에 3~5가지의 감사한 일들을 찾아 일기로 써 보자.

👵 그럼, 감사 일기의 예시를 보여 줄게.

20XX년 6월 21일 수요일   날씨: 오랜만에 둥근 해가 나옴!

<감사한 일들이 가득한 하루>

① 태양에 감사해. 요 며칠간 계속 비가 와서 운동장에서 못 놀았는데, 오늘은 비가 안 와서 친구들과 운동장에서 놀 수 있었거든.

② 누리에게 감사해. 미술 시간에 풀을 안 챙겨 왔는데 누리에게 빌려서 쓸 수 있었거든.

③ 아빠께 감사해. 오늘 만들어 주신 오므라이스가 너무너무 맛있었거든!

④ 선생님께 감사해. 국어 시간에 교실 놀이를 시켜 주신 것! 이구동성이라는 교실 놀이가 너무 재미있었어. 우리 선생님 최고!

⑤ 장미에게 감사해. 우리 학교 담장에는 장미가 무척 많아. 하굣길에 보니 너무 예쁘더라. 그렇게 예쁘게 피어 줘서 고마워.

○ 그럼, 감사 일기를 직접 써 보자.

감사 일기 쓰기

20   년   월   일   요일   날씨:

〈제목: 〉

----

8. 인상 깊은 말 일기

○ 내가 들었던 인상 깊은 말들을 모아 일기를 써 봐도 좋아. 살아가면서 우리는 잊고 싶지 않은 말들을 듣곤 하니까. 기록하지 않으면 잊게 되는 말도 많으니, 평소에 인상 깊거나 감동적인 말들을 적어 두고, 어느 정도 모이면 일기로 써 봐.

👧 나는 인상 깊은 말을 들으면 휴대전화 메모 앱에 바로바로 메모해 두는 편이야. 그렇게 하면, 인상 깊은 말을 놓칠 일이 없거든. 일기장 맨 뒷장에 그때그때 메모해 두는 것도 추천해!
그럼, 인상 깊은 말을 모아 쓴 일기의 예시를 보여 줄게.

＜20XX년 6월 인상 깊은 말 모음＞

① (20XX년 6월 3일) 외할머니: 오늘 진수상찬이다.

　외할머니는 진수성찬을 진수상찬이라고 하셨는데 그 모습이 귀엽게 느껴져서 적어 두었다.

② (20XX년 6월 17일) 외할머니: 희정이는 달다.

　외할머니는 잘 때도 어깨의 통증 때문에 힘드셨다. 외할머니 옆에 누워 한쪽 팔로 외할머니를 안고는, "안 아파요?"라고 물어보니, 외할머니는 "희정이는 달다"라고 하셨다. 나 때문에 아픈 것은 아프게 안 느껴진다는 뜻인가 보다. 사랑해요, 외할머니.

③ (20XX년 6월 20일) 소라: 너 이거 좋아하잖아.

　소라가, 내가 밀크 초콜릿을 좋아하는 것을 기억하고 나에게 선물해 주었다. 이런 감동적인 일이!

④ (20XX년 6월 27일) 다연: 너랑 같이하면 왜 이렇게 재밌지?

　다연이랑 주말에 영화도 보고 노래방도 갔던 날. 헤어질 때 다연이가 이렇게 말했다. 나도 너랑 같이하는 건 뭐든 재밌어!

⑤ (20XX년 6월 30일) 엄마: 오늘 저녁은 네가 좋아하는 파전이다.

　엄마가, 내가 좋아하는 걸 기억해서 가끔 만들어 주실 때, 최고로 날아갈 것 같은 기분이다!

○ 그럼, 인상 깊은 말 일기를 직접 써 봐.

인상 깊은 말 일기 쓰기

20 년 월 일 요일 날씨:

〈제목:　　　　　　　　　　 〉

9. 필사 일기

🧑 책에서 읽은 인상 깊은 글귀나 노래 가사의 감동적인 부분을 필사하는 '필사 일기'를 쓰는 것도 좋아. 필사는 베껴 쓰는 것을 말하는데, 필사를 하면 글귀나 노래 가사의 감동을 좀 더 깊이 느낄 수 있어. 그리고 좋은 글을 따라 쓰다 보면 글쓰기 실력도 향상되지.

💬 내가 좋아하는 글을 모아 두고 다시 읽어 보면, 다시 한번 그 감동을 느낄 수 있겠지? 그리고 나는, 어린 내가 어떤 글귀를 좋아하는지 알고 싶기도 해. 나는 어떤 것들에 깊은 인상을 받았던 걸까?

🧑 필사 일기는 인상 깊은 부분을 필사한 후, 나의 감상을 덧붙여 쓰면 된단다.

필사 일기의 예시를 보여 줄게.

○○○○○○○○○○○○○○○○○○

20XX년 7월 31일 월요일   날씨: 온종일 비가 주룩주룩

〈네가 오후 4시에 온다면〉

"예를 들어, 네가 오후 4시에 온다면, 나는 3시부터 행복해지기 시작할 거야. 나는 시간이 갈수록 점점 더 행복해질 거야. 4시에는 이미 안절부절못하겠지. 나는 너에게 얼마나 행복한지 보여 줄 거야."

- 생텍쥐페리, 《어린 왕자》, 레이널 앤 히치콕(1943), 86

나의 감상: 나도 친구와 약속하고 만나기까지 기대를 많이 하는 편이라, 이 말이 무슨 말인지 잘 알 것 같았다. 너무 공감되어서 적어두었다. 내 친구들은, 내가 자기들과 만나는 걸 이렇게 기대한다는 걸 알까? 다음에 이 부분을 친구들에게 읽어줘야지.

◯ 필사한 부분에 대한 출처도 꼭 남겨뒀으면 좋겠어. 그러면, 이 글이 어디서부터 온 것인지를 확실히 알 수 있고, 나중에 다시 찾아보기도 좋으니까.

👩 출처 표시는, 필사한 부분 끝에 다음과 같이 하면 돼.

① 책 내용 필사:
　책 지은이, 책 제목, 출판사(출판연도), 쪽수
② 노래 가사 필사:
　작사가 명(가수 명), 노래 제목, 발표 연도

◯ 그럼, 필사 일기를 직접 써 보자.

필사 일기 쓰기

20   년   월   일   요일 날씨:

<제목: >

----

10. 음악 목록 일기

🧒 음악 목록 일기는 내가 좋아하는 곡들의 목록을 만들고, 추천하는 이유와 함께 소개하는 거야. 어렸을 적에 들었던 음악을 나중에 들으면, 그 익숙하고 친근한 멜로디와 가사가 마음을 따뜻하게 해 주고, 옛 추억을 불러일으키거든.

🙂 어른이 되어서도 내가 좋아했던 그 좋은 곡들을 다시 감상할 수 있도록 음악 목록 일기를 써 줘!

🧒 그럼, 음악 목록 일기의 예시를 보여 줄게.

20XX년 5월 1일 월요일   날씨: 꽃향기가 향기로운 날

<20XX년 5월 1일의 추천곡들>

다음은, 요즘에 내가 자주 듣고 있는 노래들이다.

① <그네 친구> - 우정에 대한 노래라서 친구와 같이 부르면 계속 친하게 지낼 수 있을 것 같다. 밝은 노래라서 친구와 같이 부르면 신난다.

② <네 잎 클로버> - 소은이와 네 잎 클로버 찾을 때 불렀던 노래인데, 이 노래를 듣고 진짜 네 잎 클로버를 찾았다. 나에게는 행운의 노래이다.

③ <"넌 할 수 있어"라고 말해 주세요> - 이 노래를 들으면 자신감이 생기고, 뭐든 할 수 있을 것 같다. 우리 반 애들도 다 좋아하는 노래이다.

④ <기차를 타고> - 부모님과 여행을 갔을 때 들은 노래이다. 이 노래를 들으면 지난 여행이 생생히 떠올라서 좋다. 기차를 타고 또 여행 가고 싶다.

⑤ <개똥벌레(신형원)> - 선생님이 알려주신 노래이다. 부를 때는 신나는데 가만히 가사를 들어보면 슬프기도 한 신기한 노래이다.

Q 그럼, 음악 목록 일기를 직접 써 봐!

음악 목록 일기 쓰기

20   년   월   일   요일   날씨:

<제목: >

희정이의 일기 〈초등학교 1학년 일기〉

검인	2월28일 ♥ 요일		날씨 ☀	기온 X				
제목	사진	자기평가	1 2	3 4	5 6	7 8		

옛날 옛날에 적은
사진을 보고 놀랐다.
내가 어렸을때 못생
겼었기 때문에…….
그런데 이제 이렇게
커서 사랑 받고 있는
게 너무 너무 신기
하다. 옛날에 ^{작은}사진, 좀, 잘
생긴 것도 있었다.
내가 16살 되면 오늘
도 옛날 되겠지……

👵 사오 년 전을 '옛날옛날'이라고 말할 수 있었던, 초등학교 1
학년 시절의 내 일기야.

이때 이미, 지금 이 순간도 곧 '옛날'이 될 거란 걸 알고 있었지.

16살이 대단한 어른처럼 생각되었던 그 시절이 가끔은 그리
워져.

희정이의 일기 〈초등학교 2학년 일기〉

검인									
제목	9월 24일 ♥요일		날씨 ☀	기온 25					

담 배 · 자기평가 1 2 3 4 5 6 7 8

아버지가 담배를 4
개나 피우셨다.
"몸에 해로운 것을
왜 피우세요?"
",,…"
"담배 안 피운다는 것
벌써 잊으셨어요?"
내가 아빠께 비는 소
원.
"담배좀 줄이고 끊
으세요. 제발 부탁
이에요."

🧓 교정 부호를 사용하는 것에 재미를 붙였던 시절의 일기야. 교
정 부호를 사용하고 싶어서 일부러 띄어쓰기를 틀리곤 했었지.
지금 다시 읽으니, 아버지께서 아무 말씀 못 하신 부분이 너
무 재밌어. 아버지는 나의 간절한 소원을 들으시고, 몇 년 뒤
에 담배를 완전히 끊으셨단다. 멋진 우리 아버지.

2장

그림으로 쓰는 일기

그림일기
쓰기

1. 그림일기는 어떻게 쓸까?

국어 1-1 ⑭ 〉 9. 그림일기를 써요

🧑 이제 그림으로 쓰는 일기에 대해 알아보자.

그림일기는 그날그날 있었던 일이나 생각, 느낌을 그림과 글로 나타낸 기록이야. 그림일기를 쓸 때는 가장 인상 깊었던 장면을 그림으로 그리고 기억에 남는 일, 생각, 느낌을 글로 쓰면 돼.

그림일기를 쓸 때 일기장에 그어져 있는 줄에는 크게 신경 안 써도 돼! 칸은 자유롭게, 네가 만들기 나름이니까.

다음과 같이 그림 칸을 만들고 그림을 그리면 된단다.

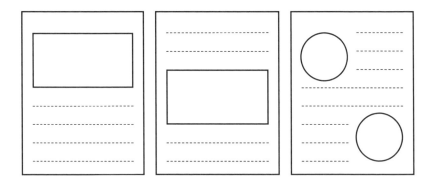

🧑 칸을 만드는 방법에는 이것 외에도 다양하게 있고, 칸을 만들지 않고 글과 그림을 자유롭게 배치하는 방법도 있어. 다음과 같이 말이야.

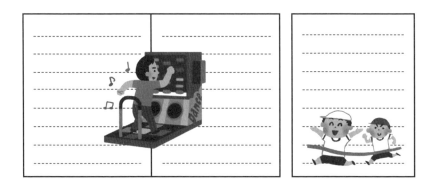

💬 '그림일기는 초등학교 1, 2학년 때만 쓰는 것 아닌가?'라고 생각할 지도 모르겠네. 그렇지만 꼭 그런 것은 아니야. 나이가 몇 살이 됐든, 그림은 자신을 표현하는 중요한 방법 중 하나이니까. '그림일기는 어릴 때나 쓰는 것!'이라는 편견은 가지지 않았으면 좋겠어.

🧑 그림일기의 예시를 보여 줄게.

〈발표하다!〉

국어 시간에 여름 방학 중에 있었던 가장 인상 깊었던 일에 대해 발표했다.

나는 윤정이, 혜림이, 지희와 같이 놀이공원에 갔던 것을 이야기했다. 롤러코스터가 얼마나 무서웠는지 이야기하자, 다른 친구들도 "그거 진짜 무섭지!"라며 공감해 주었다.

모두 앞에서 발표하는 건 떨렸지만, 내 이야기를 하는 것이 왠지 재미있고 좋았다. 발표에 조금 자신감이 생겼다.

Q 그럼, 그림일기의 그림을 어떻게 그리는지 좀 더 자세히 알아보자.

2. 그림을 어떻게 그릴까?

👧 그림일기의 그림은 어떻게 그리면 될까?

우선, 가장 인상 깊었던 장면을 생각해 봐. 장면을 떠올렸니? 그럼 인물들이 어떤 행동을 했는지, 어떤 배경에 어떤 사물이 있었는지 좀 더 자세히 떠올려 볼래? 그때 느꼈던 감정도 떠올려 보자.

예를 들어, 가족과 바비큐 파티를 한 장면을 떠올렸다고 생각해 보자. 떠올린 것을 표로 정리해 보면 다음과 같아.

인물	나, 엄마, 아빠
행동	그릴에 바비큐를 구워 먹었다.
배경	펜션 앞마당, 뒤쪽에는 숲
사물	그릴, 집게, 음식, 꼬치, 식탁
감정	즐거움, 신남.

Q 그다음에는 연필로 밑그림을 그리는 거야. 인물과 사물을 배치하고 배경을 그리는 거지. 인물의 움직임을 살려서 그리면 좋은데, 움직임을 살려 그리기 어려우면 우선 뼈대를 그리고 살을 붙여 주는 방법을 쓰는 것도 좋아.

큰 틀을 잡고 나서, 인물의 표정도 실감 나게 표현해 보고, 사물과 배경도 좀 더 자세히 나타내 봐.

👩 밑그림을 다 그렸으면 사인펜이나 플러스펜으로 깔끔하게 테두리를 그리고, 밑그림의 연필 자국을 지우개로 지워 정리해 주는 거야.

🔵 마지막으로, 색연필로 색칠해서 그림을 완성해 보자.

일기장이 얇아서 그림 도구를 바로 사용하기 어렵다면, 도화지에 적절한 크기로 그림을 그리고, 잘라서 일기장에 붙여도 돼.

👩 그림을 그렸으면 글을 써야겠지? 글을 쓸 때는 언제, 어디서, 누구와 무슨 일이 있었는지를 써야 한다는 것을 기억하고 있지? 생각이나 느낌도 빠뜨리지 말아야 해.

🔵 완성한 그림일기의 예시는 다음과 같아.

20XX년 7월 29일 토요일   날씨: 소나기가 잠깐 지나간 맑은 날

<바비큐 파티!>

 부모님과 같이 할아버지 댁 근처에 있는 펜션에 놀러 갔다. 물놀이, 숲속 걷기도 좋았지만 가장 좋았던 것은 바로 바비큐 파티!

 저녁 시간에 펜션 앞마당에서 소고기, 소시지, 대파, 떡 등을 구워 먹었다. 열심히 뒤집어 가며 맛있게 구워 주신 아빠 최고!

 꼬치에 꿰어진 소시지를 한입 깨물었는데 어찌나 맛있던지. 짭짤하고 탱글탱글한 그 느낌이 아직도 입에 남아 있는 것 같다. 꼬치에 있는 것을 하나씩 빼먹는 것도 너무 재미있었다.

 바비큐 파티를 또 하자고 부모님을 졸라 봐야겠다.

🧑 그림을 그리는 도구는 연필, 색연필, 사인펜뿐만 아니라 크레파스, 볼펜, 파스텔, 물감 등을 사용해도 좋아. 마음에 드는 도구를 선택해서 자유롭게 그려 보렴.

Q 다양한 표정 그리는 법을 연습하면 실감 나는 그림을 그릴 수 있을 거야. 다음 표정들을 참고해서 연습해 봐.

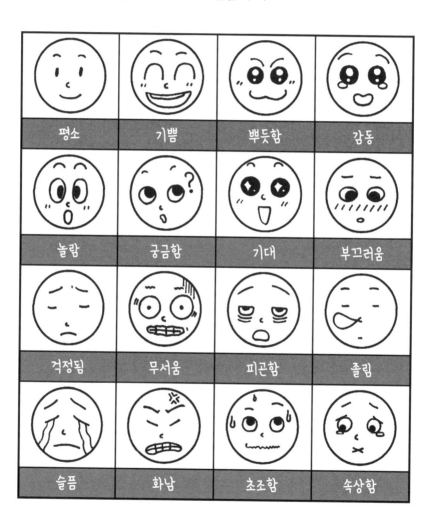

🐤 그럼, 그림일기에 무엇을 그릴지 생각해서 정리해 보자.

어떤 장면?	
인물	
행동	
배경	
사물	
감정	

🔍 이제 그림일기를 직접 써 보자!

그림일기 쓰기

20　년　월　일　요일　날씨:

<제목:　　　　　　　　　　　　　>

그림일기 쓰기

20 년 월 일 요일 날씨:

〈제목: 〉

그림일기 쓰기

20   년   월   일   요일   날씨:

〈제목: 〉

여러 가지
형식의
그림일기

1. 만화 일기

국어 4-1 ④ 〉 10. 인물의 마음을 알아봐요 〉 [9-10차시] 재미있었던 일을 만화로 표현하기

○ 인상 깊었던 일을 만화로 나타내 볼 수도 있단다. 흔히 4컷 만화로 나타내는데, 칸의 개수는 네가 정해도 좋아. 인상 깊었던 일의 중요 장면을 만화로 그려 보는 거야.

👵 만화 일기 쓰는 법을 자세히 알아볼까?

만화 일기를 쓰려면 인상 깊었던 일의 중요 장면을 골라야 해. 각 칸에 어떤 내용을 그릴지 먼저 구상해 봐. 등장인물, 대화, 배경 등을 생각해 보는 거지.

만화로 나타낼 때는 구상한 내용을, 인물의 동작과 표정을 살려 표현해 봐. 동작과 표정을 과장되게 표현하면 좀 더 생생하게 느껴지지. 그리고 말풍선이나 생각 풍선을 그려 대화 내용이나 생각을 써 넣는 거야.

◯ 만화를 그릴 때, 연필로 밑그림을 그리고 사인펜이나 플러스펜으로 테두리를 그려 볼래? 테두리를 그린 후에는 밑그림을 지우개로 지워서 정리하고, 색연필로 색칠하면 돼.

만화 아래에, 만화 내용에 대한 간단한 설명이나 감상을 덧붙이면 만화 일기 완성!

🧑 만화 일기를 그리는 예시를 보여 줄게.

우선 어떤 장면을 그릴지 구상해 보는 거야. 다음과 같이 하면 돼.

> ① 그네를 타다가 정연이와 만나 인사 나누는 장면
> ② 내가 정연이와 친구가 되고 싶다고 말하는 장면
> ③ 정연이가 놀이터에 놀러 나오라고 말하는 장면
> ④ 시소를 타며 만날 약속을 하는 장면

그리고 만화 일기를 쓰는 거야.

20XX년 7월 3일 수요일 날씨: 뜨끈뜨끈한 지구!

<내 친구 정연이>

놀이터에 놀러 나가서 정연이라는 아이와 친구가 되었다. 전학 온 지 얼마 안 된 친구였다. 내일 5시에 정연이를 만나서 또 재미있게 놀아야지. 새로운 친구가 생겨서 기쁘다.

◯ 만화 일기를 어떻게 써야 하는지 이제 알았지?

그럼, 어떤 내용을 그릴지 구상해 봐. 글로 써 봐도 좋고, 간단한 그림으로 나타내 봐도 좋아.

👵 그럼, 만화 일기를 직접 써 보자.

만화 일기 쓰기

20　년　월　일　요일　날씨:

〈제목:　　　　　　　　　〉

2. 이모티콘 일기

○ 휴대전화로 메시지 보낼 때 이모티콘을 쓴 적이 있지? 이모티콘은
자신의 감정이나 생각을 효과적으로 나타내는 그림 기호를 말해.
이모티콘 일기를 써 보는 것은 어때? 일기를 쓰는 사이사이에 이모
티콘을 그려 넣는 거지.

🐢 이모티콘 일기는, 감정을 직접 그려서 표현할 수 있어서 재미있단
다. 감정뿐만 아니라, 사물을 그려서 나타낼 수도 있어. 그럼, 이모
티콘 일기의 예시를 보여 줄게.

20XX년 7월 6일 목요일 날씨: 하고 싶을 만큼 ☀️

〈미래 명함 만들기〉

창체 시간에 미래  만들기를 했다. 20년 후 나의 을
만드는 거였다. 미래의 나는 무슨 직업을 가지고 있을까? 나는 곰곰이
생각해 보았다.
 읽기를 좋아하니 주인이 되고 싶기도 하고

들을 좋아해서 사육사가 되고 싶기도 하고 들이 모르는 문제를 가르쳐 주는 것을 좋아해서 선생님이 되고 싶기도 한데. 하나를 정해 을 만들어야 한다니……. 🙁

고민하다가, 주인 을 만들었다.

상록수 서점

이름: 이상록
연락처: 010-1234-5678
주소: 서울시 ○○구 △△동
우리 서점에서는 매주 수요일 저녁 8시에 독서 동아리 활동이 있어요. 책 좋아하시는 분 오세요.

👆 와 같이 만들었다. ✌️

미래의 내가 정말 주인이 되어 있을지가 궁금하다.

창체 시간에 미래의 내 모습을 상상해 볼 수 있어서 좋았다. 아직 장래 희망을 하나로 정할 수는 없지만, 꿈을 위해 노력해야겠다는 생각이 들었다. 😊

👧 일기를 쓸 때 앞과 같이, 만든 명함을 직접 그려 봐도 된단다. 그리고 싶은 것을 일기장에 자유롭게 그려 넣어 봐.

❔ 그럼, 이모티콘 일기를 직접 써 보자.

이모티콘 일기 쓰기

20   년   월   일   요일   날씨:

〈제목: 〉

----

3. 마인드맵 일기

○ 마인드맵을 그려서 일기를 쓸 수도 있어.

🧑 마인드맵은 자신의 생각을 지도를 그리듯이 그려서 나타내는 방법
을 말해. 가운데에 주제를 쓰고, 사방으로 뻗어 가며 관련된 단어,
설명, 그림을 배치하는 거지.

마인드맵 일기는 어떻게 쓰냐고? 마인드맵을 그리고, 그 아래에 마
인드맵에 대한 설명이나 감상을 쓰면 돼. 마인드맵 일기의 예시를
보여 줄게.

<내가 요즘 관심 있는 것>

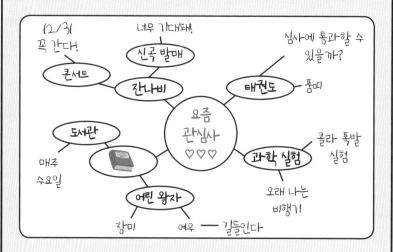

나의 요즘 관심사에 대해 나타내 보았다.

이 중 가장 관심 있는 것은 '과학 실험'이다. 주말에 집에서 부모님이랑 재미있는 과학 실험을 한다.

지금까지 한 실험 중에서, 오래 나는 비행기 실험, 콜라 폭발 실험, 탱탱볼 만들기 실험이 특히 기억에 남는다.

과학 실험 때문에 주말이 많이 기다려진다.

○ 그럼, 마인드맵 일기를 직접 써 보자. 내가 요즘 관심 있는 것, 나의 취미, 나의 친구 등……. 여러 가지 주제로 일기를 써 보면 어떨까?

마인드맵 일기 쓰기

20　년　월　일　요일　날씨:

<제목:　　　　　　　　　>

4. 학습 일기

🧑 오늘 학교에서 배운 내용으로 학습 일기를 써 보는 것도 좋아. 학습 일기는 학습한 내용을 글과 그림으로 정리한 일기를 말해. 궁금한 점, 더 알고 싶은 점, 느낀 점도 덧붙여 쓰면 좋아.

○ 나는 네가 어떤 것들을 배우며 성장하고 있는지도 무척 궁금해. 배운 내용 중, 인상 깊었던 것이나 중요한 것에 대해 학습 일기를 써 볼래?

🧑 학습 일기를 쓰다 보면 핵심을 정리하고 요약하는 실력을 기를 수 있지.

○ 학습 일기를 쓰면 배운 내용을 오래 기억할 수도 있고 말이야. 그럼, 학습 일기의 예시를 보여 줄게.

○ ○ ○ ○ ○ ○ ○ ○ ○ ○ ○ ○ ○ ○ ○ ○ ○

20XX년 4월 4일 화요일 날씨: 번쩍! 우르릉 쾅! 쏴아!

⟨사회 시간에 배운 범례와 등고선⟩

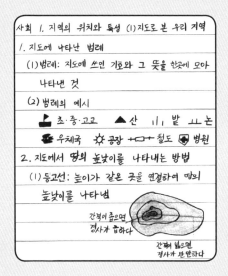

사회 /. 지역의 위치와 특성 (1)지도로 본 우리 지역
/. 지도에 나타난 범례
  (1)범례: 지도에 쓰인 기호와 그 뜻을 한곳에 모아
    나타낸 것
  (2) 범례의 예시
    📕 초·중·고교   ▲ 산   川 밭 ㅛ 논
    🏣 우체국   ☼ 공장   ●━━● 철도   ✚ 병원
2. 지도에서 땅의 높낮이를 나타내는 방법
  (1) 등고선: 높이가 같은 곳을 연결하여 땅의
    높낮이를 나타냄

간격이 좁으면
경사가 급하다

간격이 넓으면
경사가 완만하다

사회 시간에 범례와 등고선에 대해 배웠다. 지도에 그려진 기호의 비밀을 이제는 알 것 같다.

등고선 간격이 좁으면 경사가 급하다고 한다. 가족과 자주 뒷산을 오르는데, 뒷산 등산로의 등고선 간격이 얼마 정도 되는지 궁금하다. 내 예상으로는 등고선 간격이 좁을 것 같다. 등산할 때 아주 힘들기 때문이다.

👵 예시를 보니 학습 일기를 어떻게 써야 하는지 알겠지?

◯ 그럼, 학습 일기를 직접 써 보자.

학습 일기 쓰기

20 년 월 일 요일 날씨:

<제목: >

5. 관찰 일기

👧 어느새 활짝 피어버린 개나리, 진달래, 목련, 벚꽃 등을 본 기억이
있지? 꽃이 피기 전과 꽃이 지고 난 후에 꽃나무들이 어떤 모습을
하고 있는지도 떠올릴 수 있으려나? 각각의 모습을 관찰 일기로 써
보면, 각 식물들의 변화하는 모습들이 머릿속에 생생히 남을 거야.

🔍 관찰 일기는 식물이나 동물 등을 관찰해 그림과 글로 나타낸 일기
를 말해. 내가 기르는 식물이나 동물을 관찰해도 좋고, 주변에서 볼
수 있는 식물이나 동물을 관찰해도 좋아. 양파, 강낭콩, 봉선화, 개
미, 배추흰나비, 닭, 고등어 등을 관찰하고 관찰 일기를 쓰는 거야.
직접 관찰해 그림과 글로 나타내 보면, 대상의 생김새와 특징을 좀
더 잘 알 수 있어.

👧 관찰 일기에는 보통, 다음의 내용이 들어가.

① 관찰 날짜, 시간, 기온
② 관찰 대상
③ 관찰 장소
④ 관찰 내용(그림과 글)
⑤ 새로 알게 된 점
⑥ 궁금한 점이나 느낀 점

○ 관찰 내용을 그림으로 나타낼 때는, 관찰 대상 외의 다른 사물은 그리지 않고 관찰 대상만을 사실적으로 나타내야 해. 전체 크기가 얼마인지, 부분의 크기가 얼마인지, 자로 측정해 써넣는 것도 좋아. 관찰한 것을 글로도 자세히 나타내고 말이야.

🧓 관찰 대상에 대해 정기적으로 관찰 일기를 써서, 그 변화를 살펴보는 것도 좋아. 나는 어렸을 때, 강낭콩이 자라는 모습을 사흘에 한 번 관찰 일기로 쓴 적이 있어. 관찰 일기를 열심히 썼더니, 지금도 강낭콩의 한살이를 생생하게 떠올릴 수 있네. 조금씩 변화하는 모습을 기록하는 재미를 너도 느껴 봤으면 좋겠어.

그럼, 관찰 일기의 예시를 보여 줄게.

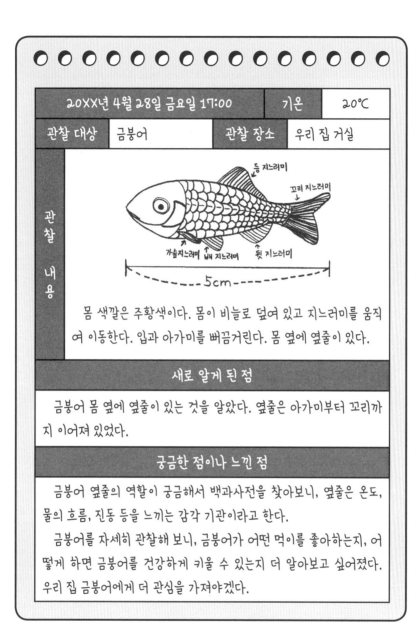

20XX년 4월 28일 금요일 17:00	기온	20℃

관찰 대상	금붕어	관찰 장소	우리 집 거실

관찰 내용

몸 색깔은 주황색이다. 몸이 비늘로 덮여 있고 지느러미를 움직여 이동한다. 입과 아가미를 뻐끔거린다. 몸 옆에 옆줄이 있다.

새로 알게 된 점

금붕어 몸 옆에 옆줄이 있는 것을 알았다. 옆줄은 아가미부터 꼬리까지 이어져 있었다.

궁금한 점이나 느낀 점

금붕어 옆줄의 역할이 궁금해서 백과사전을 찾아보니, 옆줄은 온도, 물의 흐름, 진동 등을 느끼는 감각 기관이라고 한다.

금붕어를 자세히 관찰해 보니, 금붕어가 어떤 먹이를 좋아하는지, 어떻게 하면 금붕어를 건강하게 키울 수 있는지 더 알아보고 싶어졌다. 우리 집 금붕어에게 더 관심을 가져야겠다.

○ 그럼, 관찰 일기를 직접 써 봐.

관찰 일기 쓰기

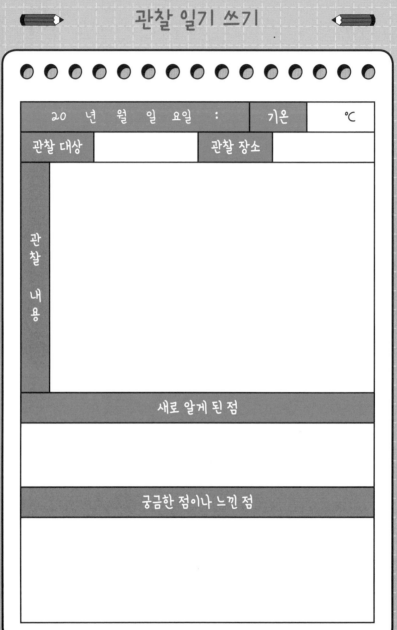

20 년 월 일 요일 :	기온	℃

관찰 대상		관찰 장소	

관찰 내용

새로 알게 된 점

궁금한 점이나 느낀 점

6. 표 일기

👵 표를 그려서 일기를 쓸 수도 있다는 것을 알고 있니?
표는 자료를 한눈에 보기 쉽게 분류해서 일정한 형식으로 나타낸
것을 말해. 표 일기에는 표를 그리고 표에 대한 설명이나 느낀 점을
덧붙여 쓰면 된단다.

💬 표로 나타낼 수 있는 것에는 무엇이 있을까?

👵 우리 반 학생들이 좋아하는 과목, 운동, 가수, 계절 등을 조사해서
나타낼 수 있어. 예를 들어 다음과 같이 말이야.

<우리 반 학생들이 좋아하는 계절>

계절	봄	여름	가을	겨울	합계
학생 수(명)	2	5	3	10	20

💬 사회 시간이나 과학 시간에 배운 내용을 표로 정리할 수도 있어. 예
를 들면 이렇게 말이지.

<촌락의 특징>

구분	농촌	어촌	산지촌
자연환경	넓은 들판, 강, 하천	바다, 갯벌, 모래사장	높은 산, 울창한 숲
주로 하는 일	농사, 가축 기르기	고기잡이, 양식	버섯 재배, 약초 캐기
발달한 음식	곡식, 채소로 만든 음식	해산물로 만든 음식	산나물, 버섯으로 만든 음식
공통점	주변의 자연환경을 이용해서 생활한다.		

🧓 용돈 들어온 것, 용돈 쓴 것을 이렇게 표로 나타낼 수도 있어.

<이번 주 용돈 기입장>

날짜	내용	수입(원)	지출(원)	잔액(원)
9/1	8월 남은 돈			5000
	9월 용돈	20000		25000
9/3	비눗방울		2000	23000
9/4	떡볶이		2000	21000
9/7	할머니께 받은 용돈	10000		31000

○ 방학 계획이나 여행 계획을 세울 때도 표로 나타낼 수 있지.

<부산 여행 계획표>

시작 시각	장소와 할 일
9:00	집에서 나와 기차역으로 이동
10:00	기차 타고 부산역으로 이동
12:00	부산역 도착, 남포동에서 점심 먹기
13:30	남포동, 자갈치 시장 구경
15:00	보수동 헌책방 구경
17:00	다대포에서 저녁 먹고 산책하기
19:00	부산역으로 이동, 기차 타고 집으로
22:00	집 도착

🍯 표로 나타낼 수 있는 것이 여러 가지라는 것을 알았지? 표 일기의 예시를 보여 줄게.

〈방학 계획표를 만들다!〉

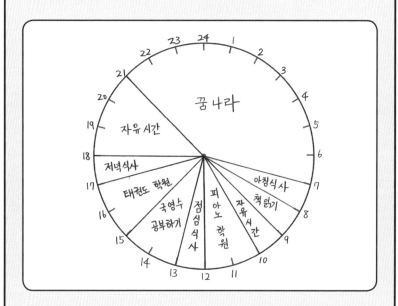

겨울 방학이 다가와서 방학 계획표를 만들어 보았다. 이번 방학 때는 오전에 책 읽기를 열심히 해서, 책을 20권은 읽을 생각이다.

저녁 식사 후에는 자기 전까지 자유 시간이다. 이때는 책을 더 읽거나 텔레비전을 보거나 가족들과 대화하려고 한다.

계획을 세우니, 방학을 좀 더 알차게 보낼 수 있을 것 같다.

○ 그럼, 표 일기를 직접 써 봐.

표 일기 쓰기

20 년 월 일 요일 날씨:

〈제목:　　　　　　　　　　　　　　〉

7. 그래프 일기

🙂 그래프를 그려서 일기를 쓸 수도 있단다. 그래프는 여러 자료의 관계를 한눈에 보기 쉽게 도형으로 나타낸 것을 말해.

그래프의 종류에는 막대 그래프, 꺾은선 그래프, 원 그래프, 띠 그래프, 그림 그래프 등이 있지.

◯ 그래프로 나타낼 수 있는 것에는 무엇이 있는지 알아볼까?

🙂 내가 몇 달간 읽은 책이 몇 권인지 그래프로 나타낼 수 있어. 다음과 같이 말이야.

<월별 읽은 책 수>

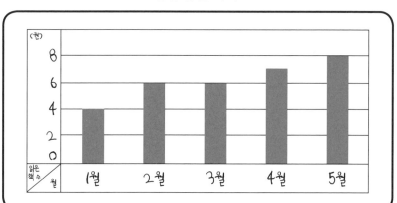

◯ 내가 매년 얼마나 자랐는지, 키의 변화를 나타낸 그래프를 그려도 되겠는걸.

<나의 키 변화>

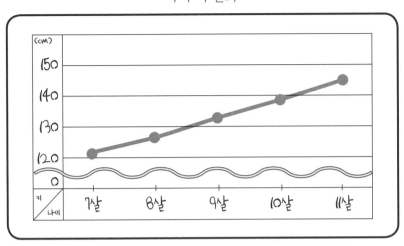

🧒 하루 동안 나의 감정이 어떻게 바뀌었는지, 감정 그래프로 나타내 보는 것도 좋지. 살아오면서 어떤 일들이 있었는지 떠올리며 인생 그래프를 그려보는 것도 좋고.

감정 그래프의 예시는 다음과 같아.

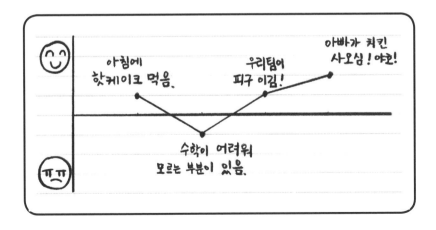

👵 그럼, 그래프 일기의 예시를 보여 줄게.

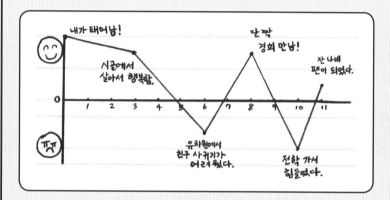

20XX년 2월 1일 수요일   날씨: 오늘도 비야?! 흑흑…….

<나의 인생 그래프>

12살이 된 기념으로 나의 인생 그래프를 그려 보았다.

내가 태어난 것이 나에게 가장 기쁜 일이었다. 숨 쉬고 부모님과 친구들과 만나고, 맛있는 것을 먹고, 새로운 것을 배우고, 여행을 떠나고……. 그 많은 일을 할 수 있는 것도, 내가 태어났기 때문이다.

3살까지 시골에서 살았는데, 외할머니, 외할아버지와 같이 살 수 있어서 참 좋았다.

6살에 들어간 유치원에서는 친구 사귀기가 힘들었다. 친구들은 5살 때부터 서로 친했기 때문이다. 유치원에서 혼자 놀고 집에 왔던 기억이 난다.

8살에는 내 단짝 경희와 만나게 되어 정말 좋았다. 우리는 반도 같고, 학원도 같이 다니고, 항상 붙어 다녔다.

그런데 10살 때 전학을 가서 경희랑 헤어지게 되어서 너무 슬펐다. 중학교는 같은 곳으로 가고 싶다.

11살 때는 잔나비를 처음 알게 되었는데, 따뜻한 노래들이 많았다. 힘들 때 잔나비 노래를 들으니 힘이 났다. 언젠가 콘서트도 가 보고 싶다.

이렇게, 중요 사건들을 떠올려 보니 재미있다. 앞으로 좋은 일들이 더 많았으면 좋겠다.

◯ 그럼, 그래프 일기를 직접 써 보자.

그래프 일기 쓰기

20 년 월 일 요일 날씨:

<제목: >

8. 상상 일기

🧒 상상화를 그려 본 적이 있니? 상상화는 실제로 경험하지 않은 것이나 현실에 존재하지 않는 것을 그린 그림을 말해.

💬 상상 일기는 상상화를 그리고 상상한 것을 글로 쓴 일기야. 내가 경험해 보고 싶은 것, 미래의 모습, 우주여행, 바닷속 탐험, 만화 속 세상, 재미있었던 꿈 등에 대해 상상화를 그려서 일기를 쓰는 거지 (그림 없이 글로만 써도 되지만, 우린 지금 여러 가지 그림일기에 대해 알아보는 중이니까! 그림도 같이 그리는 상상 일기에 대해 설명했어).

🧒 '만약'으로 시작하는 많은 이야기들을 상상해 봐. 예를 들면 다음과 같이 말이지.

① 만약 지구 전체 온도가 영하 20도로 내려간다면?

② 만약 석 달 동안 계속 비가 내린다면?

③ 만약 내가 다른 사람의 마음을 읽을 수 있다면?

④ 만약 내가 순간 이동을 할 수 있다면?

⑤ 만약 내가 외계인을 만날 수 있다면?

넌 더 많이 떠올릴 수 있을걸?

💬 그럼, 상상 일기의 예시를 보여 줄게.

<내가 만약 시간 여행을 할 수 있다면>

내가 만약 시간 여행을 할 수 있다면 가고 싶은 곳이 두 곳 있다.

첫 번째로 가고 싶은 곳은 5년 전이다. 아직 할머니가 살아계실 때로 가서 할머니를 꼭 한번 안아드리고 싶다. 그리고 "사랑해요. 저 건강하게 잘 지내고 있어요"라고 말씀드리고 싶다.

두 번째로 가고 싶은 곳은 30년 후이다. 내가 친절하고 상냥한 아빠가 되어 있는지 살짝 가서 확인해 보고 싶다. 혹시 무서운 아빠가 되어 있다면, 아이들에게 더 잘해 주라고 편지를 써 둘 것이다.

○ 이제 상상 일기를 직접 써 봐.

상상 일기 쓰기

20 년 월 일 요일 날씨:

〈제목: 〉

9. 색종이 일기

👧 나는 어렸을 때 색종이로 무엇을 만드는 것을 무척 좋아했어. 색종이로 종이접기도 하고 모자이크 작품도 만들었지. 간단한 생활용품도 만들었고 말이야.

💬 색종이를 이용해서 일기 쓰기를 할 수 있다는 것, 알고 있니?
색종이로 자신이 표현하고 싶은 장면을 꾸미고 일기를 쓰는 거지.
종이접기로 바닷속을 꾸민 예시를 보여 줄게.

👧 모자이크 작품을 만들고 일기를 쓸 수도 있어. 예시를 보여 줄게.

〈집 앞 공원 산책〉

아침을 먹고 가족들과 집 앞 공원에 산책하러 나갔다. 얼마 전만 해도 쌀쌀했는데, 오늘은 날씨가 포근하고 따뜻했다.

나무와 잔디에 새로운 잎이 돋아나서 온통 연두와 초록이었다. 이 모습이 너무 아름다웠다.

집에 돌아와서는, 공원의 가장 인상깊었던 모습을 모자이크로 나타내 보았다. 모자이크로 표현해 보니, 봄 풍경이 더욱 사랑스럽게 느껴졌다.

이번 봄에 이 연두와 초록을 자주 보고 싶다.

👵 색종이뿐만 아니라 잡지나 신문 등을 오려서 꾸며 보는 것도 추천해.

💭 그럼, 색종이 일기를 써 봐.

색종이 일기 쓰기

20 년 월 일 요일 날씨:

〈제목: 〉

10. 포스터 일기

🧑 포스터를 그려서 일기를 쓸 수도 있어.

💬 포스터는 어떤 일을 널리 알리기 위해 그림, 사진, 간단한 문장 등
으로 나타낸 게시물을 말해. '자나 깨나 불조심' 같은 글이 적혀 있
는 불조심 포스터를 본 적이 있지? 영화관에 가면 영화 포스터를
잔뜩 볼 수 있고 말이야.

🧑 네가 알리고 싶은 것이나 광고하고 싶은 것이 있으면 포스터를 그
려서 일기를 써 보자.

포스터 일기의 예시를 보여 줄게.

20XX년 5월 31일 수요일 날씨: 여름이 코앞까지 왔네

\<금연하는 우리 아빠\>

아빠가 금연을 시작한 지 한 달째다.

내가 어렸을 때부터 아빠는 담배를 피우셨다. 그런데 내가 학교에서 금연 교육을 받고 나서 아빠께 흡연이 얼마나 위험한지 자세히 설명해 드렸더니, 아빠가 담배를 끊는다고 하셨다.

금연을 선언하고 지키고 있는 아빠가 너무 멋졌다. 요즘에는 아빠 옆에 가도 담배 냄새가 하나도 안 난다. 너무 좋다.

금연하는 우리 아빠를 응원하기 위해 포스터를 그려 보았다. 아빠가 앞으로도 쭉 금연에 성공하셨으면 좋겠다.

○ 그럼, 포스터 일기를 써 보자.

포스터 일기 쓰기

20 년 월 일 요일 날씨:

〈제목: 〉

🧓 이제 그림으로 쓰는 일기에 대해서도 어느 정도 알게 되었지?

◯ 우리가 설명한 방법 이외에도 풍경화, 인물화, 정물화, 소묘, 크로키, 콜라주, 추상화 등을 그리고 그림일기를 쓸 수도 있어. 네가 그리고 싶은 그림을 자유롭게 그리고 일기를 써 봐.

🧓 네 어린 시절의 기록을 꼼꼼히 남길 수 있는 유일한 사람은 다름 아닌 너라는 사실을 잊지 말고! 열심히 기록하길 바랄게.

나는 열심히 쓰는 습관을 들였더니, 아주 힘들거나 슬픈 순간에도 언젠가 이 모든 일은 일기장 속에 작은 흔적을 남기고 지나갈 거란 걸 알게 되었어. 일기장은 기쁠 때나 슬프고 화날 때나 즐거울 때나, 너의 든든한 친구가 되어 줄 거야.

◯ 일기를 쓰는 한, 너는 혼자가 아니야. 미래에서 너를 응원하는 나와 함께일 테니까.

너의 일기 쓰기를 응원할게!

다음 장에서는, 정훈이와 함께 사진으로 쓰는 일기에 대해 알아보자.

희정이의 일기 〈초등학교 3학년 일기〉

7월 24일 ☀ 요일

우리 동생이 거짓일기를 썼다.
어린이 대공원에 가지 않았는데
대공원에 갔다고 썼다.
나는 좀 이상했다.
'쓸 것이 없어서 그랬나?'
'장난으로 그랬나?'
나는 여태껏 거짓일기 쓴 사람
을 본 적이 없었다.
그런데 오늘 이렇게, 동생이 거
짓 일기를 쓰는것을 보게 되었다.
동생은 어제 어린이 대공원에
갔는줄 알았다고 하였다.
나는 동생이 좀 어리숙 한
것 같았다.

동생은 저 시절, 아직 유치원에 다니고 있었어. 유치원생이
일기를 썼다니, 지금 생각해 보니 대단하네.

초등학교 3학년이었던 나는, 동생이 왜 거짓으로 일기를 썼는
지 이해가 되지 않았나 봐. '어리숙하다'는 표현이 재미있네.

옛 일기장에서 어리고 귀여웠던 동생의 모습을 발견하니 정
말 좋더라. 그래서 너에게도, 가족 이야기를 일기장에 많이
담아 두라고 추천하는 거야!

희정이의 일기 〈초등학교 3학년 일기〉

10월 29일 (♡) 요일

아버지께서 무당벌레 모양인 시계를 사 오셨다.

처음엔 아버지께서 어머니께 드렸다. 어머니는 뭘듯 기뻐 하셨다.

그런데 어머니 아버지께서 방에 들어가시더니 갑자기 나에게 시계를 주셨다.

어머니께서는,

"내거인줄 알고 기뻐했는데…"

하시며 안타까워 하셨다.

나는 무당벌레 시계를 어머니께 드리고 싶었지만 너무 예뻐서 마음이 나지 않았다. 다음에 내가 어머니께 '목걸이를 선물해 드려야겠다.' 라는 생각이 들었다.

그리고 시계를 사 주신 아버지께 감사 드린다.

🧓 어른이 되어서 일기를 다시 읽어 보니 젊은 부모님의 모습이 너무 사랑스럽네.

무당벌레 시계가 너무 예뻐서 어머니께 드릴 수 없었다는 솔직한 어린 나. 하하하.

시계가 어떻게 생겼는지는 기억이 나지 않네. 사진으로도 남겨 둘 걸 그랬어.

3장

사진으로 쓰는 일기

1. 사진 일기는 어떻게 쓸까?

◯ 이제 사진 일기에 대해 알아보자. 사진 일기는 사진을 덧붙여 쓰는
일기를 말해.

사진 일기를 쓰면 좋은 점이 뭘까? 사진 일기를 쓰면 그날의 일을
아주 생생하게 남길 수 있어. 사진은 인물의 모습, 사물, 배경 등,
눈으로 볼 수 있는 그 모습 그대로를 기록하는 거잖아. 그래서 사
진을 보면 그때의 상황과 분위기가 머릿속에 선명하게 떠오르지.
어른이 되면, 어린 시절의 내 모습은 사진이나 영상으로만 남아 있
게 돼. 어린 시절을 기록할 수 있을 때, 많이 기록해 두자고! 나중에
이 모든 기록은 소중한 보물이 되어있을 테니까!

🧑 그럼, 사진 일기를 쓰는 방법을 같이 알아보자.

우선, 일상에서 기억하고 싶은 것들을 사진으로 남기는 거야. 그리고 일기에 쓸 사진을 선택해야 해. 경험한 일을 잘 나타내는 사진으로 말이야.

○ 인물이나 사물의 특징을 잘 나타내는 사진을 선택하는 것도 좋아. 사진을 선택했으면 인쇄를 해야겠지.

● 사진을 인쇄하는 방법은 여러 가지가 있어. 컬러 프린터로 인쇄하거나 즉석카메라로 사진을 찍는 거지. 인터넷 인화 사이트를 이용하거나 동네 사진관에서 인화해도 되고 말이야.

그중 내가 추천하는 방법은 사진을 컬러 프린터로 인쇄하는 방법이야. 컬러 프린터를 이용하면 빠르고 간편하게 인쇄해 사진을 일기장에 바로 붙일 수 있으니까.

인쇄한 사진은 다음과 같이 일기장에 배치할 수 있어.

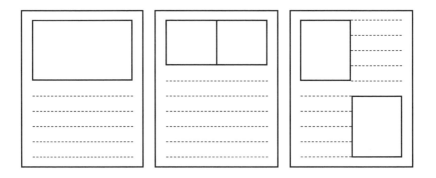

사진끼리 마주 보면 습기에 붙거나 색이 번질 수 있으니, 일기장을 접었을 때 사진이 마주 보지 않도록 붙이면 좋아.

○ 사진을 붙이고는, 사진과 관련된 이야기, 생각, 느낌을 글로 쓰면 돼.

그럼, 사진 일기의 예시를 같이 보자.

○ ○ ○ ○ ○ ○ ○ ○ ○ ○ ○ ○ ○ ○ ○ ○ ○ ○

20XX년 12월 31일 일요일　날씨: 하늘은 파랗고 땅은 하얀 날

〈부모님과 설산 등산〉

부모님과 덕유산 등산을 했다. 케이블카에서 내리니 눈밭이 펼쳐져 있었다. 땅은 온통 하얀데 하늘은 새파란 게 너무 예뻤다.

눈이 미끄러워서 신발에 아이젠을 달고 등산을 했다. 몇 번 미끄러졌는데, 아빠가 잘 잡아 주셔서 다행이었다. 나무 위에 눈이 쌓인 모습을 직접 보는 건 처음이었다. 햇빛에 반사되어 반짝반짝하는 모습은 잊기 어려울 것 같다.

등산은 힘들었지만 정말 멋진 풍경을 볼 수 있어서 좋았다. 부모님이랑 같이 오니까, 힘들어도 든든하고 좋았다. 내년에 또 와 보고 싶다.

○ 어때, 사진 일기가 그렇게 어렵게 느껴지진 않지?

2. 사진을 어떻게 찍을까?

○ 사진은 무엇으로 찍을 수 있을까?

● 사진은 휴대전화 카메라 앱, 디지털카메라, 필름 카메라, 즉석카메라 등으로 찍을 수 있어. 우리는 그중, 언제든지 가지고 다니며 간편하게 사진을 찍을 수 있는 '휴대전화 카메라 앱'을 사용한 사진 찍기에 대해 알아볼 거야.

○ 사진을 찍으려면 휴대전화의 카메라 앱을 실행해야 해.
사진을 찍을 때는 찍을 대상이 카메라 앱 화면에 잘 들어오도록 조정하고, 흔들리지 않게 휴대전화를 두 손으로 잘 잡고 찍어야 하지.

● 카메라 앱은 자동으로 초점을 맞추는 기능이 있는데, 찍으려는 부분에 초점이 맞지 않으면, 원하는 부분을 앱 화면에서 터치해서 초점을 맞춘 후 찍어야 한단다. 그래야 선명한 사진을 찍을 수 있지.
사진을 찍을 때는 사진을 찍으려는 대상의 특징이 잘 드러나는 모습을 포착하도록 해 보자. 앱 하단의 동그란 촬영 버튼을 누르면 '찰칵' 소리와 함께 사진이 저장돼.
사진을 찍을 때는 적절한 빛의 양이 중요한데, 너무 어두우면 플래시 기능을 켜서 찍어 보자.

○ 카메라 앱의 버튼에 대해 간단히 설명할게. 앱의 버튼은 휴대전화의 기종에 따라 조금씩 다르단다.

① 카메라 설정: 수직·수평 안내선, 위치 태그 등을 켜고 끔.

② 플래시: 플래시를 켜고 끔.

③ 타이머: 바로 찍기, 몇 초 후 찍기를 설정함.

④ 화면비: 화면의 비율을 선택함. 3:4 촬영이 기본임.

⑤ 모션 포토: 사진 촬영 직전 2초를 동영상으로도 저장함.

⑥ 필터: 여러 가지 필터를 선택함.

⑦ 촬영 화면: 촬영할 화면을 확인함. 수직·수평 안내선을 켜면 사진 촬영 시 수직, 수평을 맞추기 쉬움.

⑧ 줌 기능: 사진 찍을 대상을 확대하거나 축소함.

⑨ 갤러리: 찍은 사진을 확인함.

⑩ 촬영: 버튼을 누르면 사진이 찍힘.

⑪ 카메라 전환: 전면 카메라, 후면 카메라를 선택함.

◯ 카메라 앱의 버튼을 눌러 보며, 여러 기능을 익혀 봐.

🙍 사진을 찍을 때, 여러 가지 구도로 찍을 수 있다는 것 알고 있니? '구도'란 사진에서 찍을 대상을 짜임새 있게 배치하는 방법을 뜻한 단다. 네가 활용해 볼 만한 대표적인 구도 몇 가지를 소개할게.

① 중앙 구도: 찍을 대상을 중앙에 두고 찍는 방법이야. 중앙 구도 는 찍힌 대상을 강조하는 효과가 있어. 주제가 되는 인물이나 사물의 모습을 중앙 구도로 찍을 수 있지.

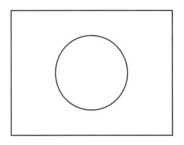 

② 수평 구도: 찍을 대상을 수평 방향으로 배치하는 방법이야. 수 평 구도는 안정감을 주지. 수평선, 들판 등, 주로 풍경 사진을 찍 을 때 쓰는 방법이야.

③ 수직 구도: 찍을 대상을 수직 방향으로 배치하는 방법이야. 높이를 강조하는 방법이지. 높은 건물, 키 큰 나무 등을 수직 구도로 찍을 수 있지.

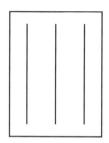 

④ 대각선 구도: 찍을 대상이나 선을 대각선 방향으로 배치하는 방법이야. 대각선 구도는 시선을 사로잡으며 움직임을 느끼게 해주지. 도로, 다리 등을 대각선 구도로 찍을 수 있어.

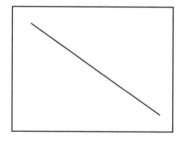 

⑤ 삼분할 구도: 화면의 가로와 세로를 각각 삼등분하고, 삼등분한 교차점에 찍을 대상을 배치하는 방법이야. 삼분할 구도에서는 균형과 조화를 느낄 수 있지. 인물(또는 사물)과 배경을 조화롭게 담아낼 때 쓰는 방법이야.

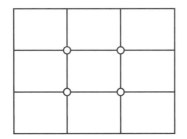 

🧑 그 외에도 여러 가지 구도가 있으니, 창의적으로 응용해서 찍어 봐.

💬 사람을 찍을 때는 전신 찍기, 무릎 위 찍기, 상체 찍기, 얼굴 찍기
등의 방법으로 찍을 수 있어.

삼분할 구도를 활용한 전신 찍기의 예   상체 찍기의 예

삼분할 구도를 활용한 무릎 위 찍기의 예   얼굴 찍기의 예

인물의 특징이 잘 드러나도록 사진을 찍어 보자. 앞모습뿐만 아니라 옆모습, 뒷모습도 찍어 봐.

찍을 대상을 정면에서 바라보며 찍는 방법 외에도 위에서 바라보며 찍는 방법, 아래에서 바라보며 찍는 방법 등이 있으니 다양하게 응용해서 찍어 봐!

사진을 찍을 때 삼각대나 셀카봉의 도움을 받을 수도 있어. 삼각대는 카메라(또는 휴대전화)를 얹어 고정시켜 사진을 찍을 수 있는 세 발이 달린 받침대를 말한단다. 삼각대를 이용하면 원하는 구도로 사진을 찍기 쉽고, 흔들림이 없는 사진을 찍을 수 있어. 다른 사람의 도움 없이 내가 등장하는 사진을 찍을 수 있고 말이야. 셀카봉은 긴 막대 끝에 휴대전화를 고정시켜 셀카를 쉽게 찍을 수 있게 해 주는 기구를 말한단다. 셀카봉을 이용하면 그냥 찍을 때보다, 배경과 내 모습을 좀 더 조화롭게 담아낼 수 있지. 삼각대와 셀카봉의 도움을 받아 사진을 찍어 봐!

삼각대. 높이 조절 가능   셀카봉. 길이 조절 가능

사진을 찍을 때는 초상권 침해에도 주의해야 해. 초상권은 자신의 얼굴이나 모습에 대한 권리를 말해. 허가 없이 사진을 촬영하거나 찍은 사진을 공표하는 것은 금지되어 있으니까, 사진을 촬영하기 전에 찍을 대상의 허락을 먼저 구해야 해. 미성년자의 촬영에는 그 부모님의 허락을 먼저 구해야 하고 말이야. 이 점 잊지 말자!

3. 사진의 소재

◎ 사진 일기를 쓸 때 어떤 사진을 찍어야 할지 고민하고 있는 건 아니지?

● 사진의 소재는 아주 다양해. 네가 사진 일기를 쓸 때 참고할 수 있도록 정리해 보았어.

① 인물 찍기: 부모님, 조부모님, 친척, 친구 등, 나와 가까운 사람들을 찍어 봐. 내 모습을 찍는 것도 좋고.

② 물건 찍기: 필통, 장난감, 인형, 피규어, 음악 CD, 책, 조형물, 내가 아끼는 것 등을 찍어 봐.

③ 음식 찍기: 집밥이나 맛집의 음식, 내가 좋아하는 음식, 내가 만든 음식 등을 찍어 봐.

④ 동물 찍기: 내가 기르는 동물이나 길에서 만날 수 있는 동물 등을 찍어 봐.

⑤ 동네 찍기: 등굣길과 하굣길, 산책로, 시장 등, 우리 동네를 찍어 봐.

⑥ 자연 찍기: 꽃, 나무, 숲, 들판, 계곡, 강, 바다 등, 자연환경을 찍어 봐.

⑦ 날씨 찍기: 해가 쨍쨍한 날, 하늘이 파란 날, 구름이 많은 날, 흐린 날, 바람이 많이 부는 날, 비 오는 날, 눈 오는 날 등을 찍어 봐.

⑧ 계절 찍기: 새싹, 선풍기 앞의 사람, 단풍, 눈 등, 각 계절의 특징이 잘 드러나는 사진을 찍어 봐.

⑨ 밤하늘 찍기: 석양, 야경, 별, 달 등을 찍어 봐. 매일 같은 시각에 달을 찍으며 달의 모양과 위치의 변화를 알아보는 것도 좋지.

⑩ 도시 찍기: 건축물과 자동차, 버스, 다리, 거리, 도시의 스카이라인 등을 찍어 봐.

⑪ 우리 집 찍기: 우리 집의 입구, 주방, 거실, 다른 가족의 방, 내 방, 내 책상 위 등을 찍어 봐.

⑫ 의상 찍기: 내가 자주 입는 옷, 자주 사용하는 모자나 가방, 신발 등을 찍어 봐.

⑬ 특별한 날 찍기: 생일, 어린이날, 명절, 운동회, 발표회, 결혼식 등, 특별한 날의 풍경을 찍어 봐.

⑭ 일상 찍기: 밥 먹는 모습, 공부하는 모습, 친구와 노는 모습, 운동하는 모습, 악기 연주하는 모습 등, 일어나서 잠들 때까지의 평범한 하루를 시간대별로 찍어 봐.

⑮ 여행 찍기: 여행 가서 본 것을, 장소의 변화에 따라 찍어 봐.

⑯ 체험 찍기: 영화관 앞, 공연장 앞, 놀이공원 탈 것 앞 등, 내가 체험한 것에 대한 인증 사진을 찍어 봐.

○ '이거 매일 보는 거라서 별로 특별할 것도 없는데?'라고 생각되는 것도 많이 찍어 줘. 시간은 모든 것들을 다 변화시켜 버리니까.

모퉁이를 돌면 내가 좋아하던 문방구가 있었고, 떡볶이가 맛있던 분식집이 있었지. 그리고 내가 어렸을 적 살던, 영원할 것 같던 우리 집. 하지만 시간이 흐르고 흘러 이제 이 모든 건 추억 속에만 남아 있네. 영원한 것은 없으니, 내가 좋아했던 그 많은 것들을 사진으로 다시 만나 볼 수 있게 해 줘. 내 소원을 들어 줄 수 있는 유일한 사람인 너에게, 간절히 부탁할게.

🧑 여러 가지 사진을 찍을 수 있길 바랄게!

💬 그럼 이제, 사진 일기를 직접 써 보자! 사진을 인쇄해서 원하는 곳에 붙이고 일기를 쓰면 돼.

사진 일기 쓰기

20 년 월 일 요일 날씨:

〈제목: 〉

사진 일기 쓰기

20   년   월   일   요일   날씨:

〈제목: 〉

사진 일기 쓰기

20 년 월 일 요일 날씨:

〈제목: 〉

1. 여행 일기

국어 5-1 ⑭ 〉 7. 기행문을 써요

🧑 지금부터는 여러 가지 형식의 사진 일기를 알아볼 거야.

여행을 다녀와서 글을 써 본 적이 있니? 여행하면서 보고, 듣고, 느낀 점을 적은 글을 기행문이라고 해. 기행문과 함께 사진을 남겨 둔다면 여행의 감상을 오래 기억할 수 있지. 다른 사람에게 여행지에 대해 알려 줄 수도 있고 말이야.

🔍 여기서는 여행 일기 쓰는 법을 알아볼 건데, 기행문이 곧 여행 일기야. 그럼 기행문에 꼭 들어가야 할 내용을 알아보자. 기행문에는 다음 세 가지가 들어가야 해.

① 여정: 여행의 과정이나 일정. 시간과 장소를 씀.

② 견문: 여행하면서 보고 들은 것

③ 감상: 여행하면서 생각하거나 느낀 것

🧑 기행문은 처음, 가운데, 끝의 짜임으로 이루어져 있는데, 각각은 다음과 같은 내용이 들어가.

① 처음: 여행한 목적을 씀. 여행 전의 기대를 쓰기도 함.

② 가운데: 여정, 견문, 감상을 씀.

③ 끝: 전체 감상, 더 알고 싶은 점을 씀.

💬 우리는 여행한 곳의 대표적인 장소나 인상 깊은 장면의 사진을 넣어서 기행문을 쓸 거야. 여행하며 얻은 자료도 버리지 말고, 일기장에 같이 붙여 두면 좋아.

🧑 그럼, 사진을 넣어 쓰는 기행문의 예시를 보여 줄게.

○○○○○○○○○○○○○○○○○○

20XX년 10월 3일 화요일 날씨: 땅은 초록초록 하늘은 파랑파랑

<가을에 제주도 여행이라니!>

가을에 제주도를 가 본 적 없는 우리 가족은 이번 개천절에 제주도에 다녀오기로 했다.

아침 일찍 김해공항에 가서 제주행 비행기를 탔다. 비행기에서 내리자 포근한 날씨와 파란 하늘이 우리를 맞이해 주었다.

우리 가족은 렌터카를 이용해 제주 곳곳을 다녔다. 처음 간 곳은 성이

시돌목장이었다. 이곳은 테쉬폰이라는, 둥근 텐트 모양의 건물이 유명하다고 한다. 곡선형으로 연결된 쇠사슬 형태의 구조 덕분에 태풍과 지진으로부터 안전하다고 한다. 오랜 시간을 버텨 온 건물이 대단해 보였고, 둥그런 지붕이 깜찍해 보였다.

테쉬폰

점심 때쯤 간 곳은 오설록 티 뮤지엄이

었다. 드넓은 녹차밭이 초록색으로 덮여 있었는데, 하늘의 파란색과 대조되어 너무 아름답게 보였다. 여기서 사 먹은 녹차 아이스크림은 쌉쌀하니 너무 맛있었다. 엄마는 "포장해서 가고 싶다……"라며 아쉬워하셨다.

녹차밭에서

저녁에는 협재해변에서 노을을 보았다. 하늘이 주황색으로 물드는 모습이 너무 예뻐서 사진을 찰칵찰칵 찍었다.

노을 지는 협재해변

우리는 밤 비행기를 타고 김해공항으로 돌아왔다. 가을에 간 제주도는 너무 덥지도, 춥지도 않아서 돌아다니기 딱 좋았다. 우리를 태우고 여러 멋진 곳들을 보여 주신 울 아빠, 맛있는 것을 사주신 울 엄마께 정말 고마운 마음이었다.

이번에는 제주도 서쪽 위주로 다녔는데, 다음에 날씨 좋을 때 제주도 동쪽도 여행하고 싶다. 가족들과 여행을 다니며 많은 추억을 쌓고 싶다.

사진 아래에, 사진에 대한 간단한 설명을 써 두는 것도 좋아. 나중에 다시 봤을 때, 어떤 장면인지 쉽게 알 수 있으니까. 지도나 그림 지도를 같이 붙여 두는 것도 좋아. 내가 간 곳의 위치를 바로 알 수 있기 때문이지.

그럼, 여행 갔던 경험을 떠올려 여행 일기를 써 볼까? 다음 표에 쓸 내용을 정리해 봐.

처음 (여행한 목적, 여행 전의 기대)	
가운데 (여정, 견문, 감상)	
끝 (전체 감상, 더 알고 싶은 점)	

쓸 내용을 정리해 보았니? 그럼, 여행 일기를 두 쪽에 걸쳐 써 보자. 여행에서 찍은 사진도 인쇄해서 붙여 봐.

여행 일기 쓰기

20   년   월   일   요일   날씨:

〈제목: 〉

----

2. 소개 일기

국어 2-2 ㉮ 〉 6. 자세하게 소개해요

○ '글로 쓰는 일기' 장에서 소개 일기 쓰는 방법에 대해 알아 보았지? 사진으로 쓰는 소개 일기는, 소개할 대상의 사진을 1~2장 일기장에 붙이고, 앞에서 배운 소개 일기 쓰는 방법대로 글을 쓰면 된단다.

● 네가 소개하고 싶은 것에는 무엇 무엇이 있니? 우리 마을, 가족, 우리 집, 내 방, 내가 좋아하는 친구, 연예인, 음악, 음식, 계절, 과목, 게임 등을 소개해 보자. 싫어하는 것을 소개해도 되고 말이야.

○ 네가 소개해 주는 그 모든 것들은 내게 향수를 불러일으키겠지. 영원할 것 같았던 그 나날들이 그립네. 부디 많은 것들을 소개해 주길 바랄게!

● 그럼, 소개 일기의 예시를 보여 줄게.

20XX년 9월 24일 일요일   날씨: 이제 밤에는 춥네!

<콩밥이 싫어요!>

우리 집은 일주일에 한 번은 꼭 콩밥을 먹는다. 콩의 윤기 나는 자태가
보이는가? 콩밥을 한 숟가락 떠서 입에 넣으면 콩이 입 안을 돌돌 굴러
다닌다. 콩은 어금니로 붙잡아 꼭꼭 씹어 넘기기 힘들고, 콩을 씹을 때
나는 묘한 단맛이 아무리 생각해도 밥과 안 어울린다.

그래도 엄마는 콩밥이 몸에 좋다면서 남기지 말고 꼭 먹으라고 하신다.
흑흑. 차라리 팥밥이 나아요. 팥은 부드럽게 잘 넘어가기라도 하잖아요.
엄마는 다음 주도 콩밥을 하실 것이다.

♀ 그럼, 소개 일기를 직접 써 보자. 인쇄한 사진을 네가 붙이고 싶은
곳에 붙이고 일기를 쓰면 돼!

소개 일기 쓰기

20 년 월 일 요일 날씨:

⟨제목: ⟩

----

3. 감정 일기

○ 여러 가지 감정을 표현하는 내 모습을 사진으로 남겨 본 적이 있
 니? 기쁘고 화나고 슬프고 즐거울 때 나는 어떤 표정과 어떤 몸짓
 을 하는 걸까?
 카메라에 나의 다양한 감정을 담아 일기를 써 보자.
 여러 가지 다양한 표정을 주제로 일기를 써도 되고, 현재 나의 감정
 을 잘 나타내는 사진을 찍고, 그 감정에 관해 설명하는 일기를 써
 도 된단다.

● 나의 생생한 감정을 스스로 촬영하는 것이 어려울 때도 있지. 그럴
 때는 부모님이나 친구들에게 촬영을 부탁하는 것도 좋은 방법이
 야. "오늘, 내 다양한 모습을 좀 찍어 줘. 내가 평소에 어떤 표정을
 짓는지 알고 싶어"라고 부탁해 봐.
 그럼, 감정 일기의 예시를 보여 줄게. 카메라 앞에서 여러 가지 표
 정을 지으며 사진을 찍고, 그 표정들에 관해 쓴 일기야.

20XX년 11월 24일 금요일   날씨: 바람이 쌩쌩! 두꺼운 옷 필수!

〈나의 여러 가지 표정〉

나에게는 여러 가지 얼굴이 있다.

평소에는 주로 웃는 표정이다. 표정이 밝다는 이야기를 많이 듣는다.

그런데 가끔 화가 날 때가 있다. 내 동생이 내 물건을 마음대로 가져가면 화가 난다. 화를 낼 때의 내 표정이 어떤지 촬영해 봤는데 별로 좋아 보이지 않았다. 앞으로는 동생에게 부드러운 얼굴을 하고 타일러야겠다.

며칠 전에 준비물을 집에 두고 갔을 때의 놀란 표정도 지어보았다. 눈이 커지는 게 좀 재미있었다.

쑥스러울 때는 나도 모르게 혀가 삐죽 튀어나오곤 한다. 내 사진을 보니 귀엽기도 하다.

이번 일기를 쓰며 나의 다양한 표정을 볼 수 있어서 즐거웠다. 더 다양한 표정도 카메라에 담고 싶다.

○ 그럼, 사진을 붙이고 감정 일기를 직접 써 보자.

감정 일기 쓰기

20　년　월　일　요일　날씨:

〈제목:　　　　　　　　〉

----

4. 네 컷 사진 일기

● 네 컷 사진을 찍어 본 적이 있니? 나는 즉석 사진관에서 네 컷 사진을 찍어본 적이 있어. 친구와 같이 재미있는 포즈로 사진을 찍는 것이 어찌나 즐겁던지!

○ 나도 찍은 적이 있었던 것 같은데……. 찍은 사진을 잘 보관해 두지 않아서, 지금은 예전에 찍었던 네 컷 사진이 남아 있지 않네.

● 즉석 사진관에서 찍은 네 컷 사진을 일기장에 붙이고 사진에 대한 일기를 쓰거나, 그날 있었던 일에 대해 일기를 써 봐.

○ 즉석 사진관에 가지 않고, 휴대전화 카메라 앱으로 네 컷 사진을 찍을 수도 있어. 네 장의 사진에 다양한 모습이나 이야기를 담아 보는 건 어때? 사진 위에 말풍선이나 생각 풍선을 추가해도 되고 말이야. 네 컷 만화처럼 네 컷 사진을 꾸며 보는 것도 좋지.

● 그럼, 네 컷 사진 일기의 예시를 보여 줄게.

20XX년 10월 7일 일요일   날씨: 구름이 가득했지만 비가 안 와서 다행인 날!

<단짝 선희와 즐거운 시간을!>

선희와 나는 주말에 만나서 재미있는 것을 잔뜩 하기로 약속했다.

11시에 우리 집 앞에서 선희를 만났다. 우리는 우선 최근에 새로 생긴 피자집에 점심을 먹으러 갔다. 고르곤졸라 피자를 꿀에 찍어 먹으니 너무 맛있었다.

그러고는 동전 노래방에 갔다. 그동안 연습했던 노래들을 잔뜩 불렀다. 같이 춤도 추며 노래를 부르니 너무 신났다.

네 컷 사진도 같이 찍었다. 재미있는 포즈로 사진을 찍으니 웃음이 끝이질 않았다.

선희 덕분에 주말이 알차고 재미있었다. 다음에 또 같이 놀러 가자!

○ 그럼, 네 컷 사진 일기를 직접 써 보자.

네 컷 사진 일기 쓰기

20   년   월   일   요일   날씨:

〈제목: 〉

----

5. 요리 일기

- 직접 요리를 해 본 적이 있니? 요리하는 과정을 담은 요리 일기를 써 보는 것도 재미있단다.
- 요리 일기를 쓸 때, 음식을 만드는 방법을 같이 써 두는 것도 좋아. 그러면, 나중에도 그 기록을 보고 다시 그 음식을 만들 수 있잖아.
- '우리 집 볶음밥', '우리 집 김밥', '우리 집 카레', '우리 집 떡볶이' 등은, 집마다 만드는 방법이 조금씩 다른 음식들이지. 요리 일기를 잘 남겨 두면, 나중에도 추억의 그 음식들을 다시 만들어서 맛볼 수 있게 되지.
- 요리 일기를 쓸 때는 부모님이나 조부모님께 요리하는 방법을 여쭈어보고, 조사한 것을 바탕으로 쓰면 좋아. 그럼 '우리 집의 손맛'이 오래도록 전해질 거야. 물론, 네가 새롭게 도전하는 방법으로 요리하고 일기를 쓰는 것도 좋고 말이야. 요리를 해 보고 고쳐야 할 점을 써 보면, 요리 실력도 점점 늘어나겠지?
- 그럼, 요리 일기의 예시를 보여 줄게.

20XX년 4월 1일 토요일　날씨: 봄나들이 가기 좋은 날

〈김치볶음밥을 이렇게 만드는 게 맞나요?〉

　　주말이라 내가 요리에 도전해 보았다. 김치볶음밥을 만들어야지! 우리 집에 김치도 있고 참치도 있어서. 재료는 다 준비되어 있었다.

　　우선 김치 300g을 총총 썰었다. 조심조심 칼질했다.

　　그다음에는 프라이팬에 기름을 조금 두르고 참치 한 캔, 김치, 밥 두 공기 반을 다 넣고 볶기 시작했다. 재료가 잘 섞이도록 열심히 저었다.

　　재료가 어느 정도 익고, 마지막으로 달걀 2개를 깨어서 넣었다. 달걀이 익고, 김치볶음밥을 접시에 예쁘게 담아 완성!

　　내가 요리하는 것을 다 지켜보신 아빠가, "김치볶음밥 할 때, 김치를 먼저 볶아야 하는 건데……. 계란프라이는 제일 처음에 부쳐 놓으면 김치볶음밥 위에 예쁘게 장식할 수 있는데……"라고 말씀하셨다.

　　그런 중요한 내용은 미리 말씀해 주시라고요! 어쩐지, 아빠가 예전에 만들어주신 것에 비해 생김치 맛이 많이 나더라…….

　　그래도 내 요리를 가족들이 맛있게(?) 먹어 줘서 기쁜 하루!

Q 그럼, 요리 일기를 직접 써 보자.

요리 일기 쓰기

20   년   월   일   요일   날씨:

〈제목: 〉

----

6. 날씨와 계절 일기

🧒 사진으로 날씨와 계절의 변화를 멋지
게 포착해 보자. 구름 한 점 없는 날,
하늘 가득 두꺼운 구름이 채우고 있는
날, 바람이 많이 불어서 나뭇잎이 세차
게 흔들리는 날, 비가 주룩주룩 오는
날, 눈이 펑펑 내리는 날, 노을이 예쁜
날, 별이 반짝이는 날 등, 날씨가 잘 느
껴지는 사진을 찍어 봐.

눈이 내려 쌓인 날

💬 새싹이 돋아날 때, 벚꽃이 흩날릴 때,
나무가 짙은 초록색으로 변했을 때, 낙
엽이 질 때, 입김이 나올 때, 손이 꽁꽁
얼어 빨갛게 변했을 때 등, 계절이 잘
느껴지는 사진도 찍어 보자. 날씨와 계
절을 관찰하고 사진을 찍다 보면 자연
의 아름다움을 더 잘 느낄 수 있을 거
야.

벚꽃이 활짝 핀 날

🧒 그럼, 날씨와 계절 일기의 예시를 보여 줄게.

20XX년 8월 30일 수요일   날씨: 하늘로 풍덩 뛰어들고 싶은 날

<파란 하늘 찰칵!>

하굣길에 하늘을 바라봤는데 너무 파랬다. 구름도 거의 없는 하늘이 너무 예뻐서 사진을 찰칵 찍었다. 도로 끝에는 바다가 보였는데, 하늘 색깔이 바다 색깔과 거의 비슷했다. 바다처럼 푸른 하늘에 풍덩 뛰어들고 싶을 정도였다.

가을이 다가오고 있나 보다. 가을은 다른 계절보다 하늘이 푸른 계절이라고 한다. 더 푸른 이유는 들었는데 잊어버렸다. 한번 조사해 보아야겠다.

오늘 찍은 사진을 어머니께 보여드리니 "우와! 너무 푸르고 예쁜데!"라고 말씀해 주셨다.

멋진 하늘을 보아서 좋았고, 그걸 혼자 보기보다는 사진을 찍어 가족들과 같이 보는 게 훨씬 좋다는 걸 알았다.

○ 그럼, 날씨와 계절 일기를 직접 써 봐.

날씨와 계절 일기 쓰기

20   년   월   일   요일   날씨:

〈제목: 〉

7. 작품 일기

● 학교에서 그림을 그리거나 입체적인 작품을 만들어 본 적이 있지? 학교 밖의 체험활동에 참여할 때나 집에서 혼자서도 여러 가지 작품을 만들어 본 적이 있을 거야.

크기가 크지 않은 평면 작품은 일기장에 붙이거나 파일에 끼워 보관하면 좋은데, 크기가 큰 작품이나 입체적인 작품은 오래 보관하기가 힘들어. 이럴 때는 사진으로 찍어 두면 이 작품들을 시간이 지난 뒤에도 다시 감상할 수 있지.

○ 작품 일기를 쓰려면 일단 작품의 사진을 찍어야 해. 평면 작품은, 작품 위에 휴대전화의 그림자가 생기지 않도록, 빛의 방향을 잘 조절해서 찍어야 해. 입체 작품은, 작품의 특징이 잘 드러나도록 여러 방향에서 찍어 보렴. 작품의 특징이 가장 잘 드러나는 사진 1~2장을 골라서 일기장에 붙이고, 그 작품에 대한 설명을 적어 봐. 내 생각이나 느낌도 적고 말이야.

● 그럼, 작품 일기의 예시를 보여 줄게.

20XX년 10월 18일 수요일   날씨: 일교차가 큰 맑은 날

<카프라로 만든 트럭>

과학 시간에 카프라로 작품 만들기를 했다. 선생님께서는 카프라 쌓는 법을 설명해 주시더니, 건물이나 탈 것 중, 자신이 만들고 싶은 것을 만들어 보라고 하셨다.

무엇을 만들까? 고민하다가 최근에 아빠가 트럭을 새로 사셔서, 트럭을 만들기로 결정!

바퀴 부분을 둥글게 표현하는 것이 어려웠다. 트럭 좌석 부분에 지붕을 올리는 것도 어려웠다. 하지만 짐을 실을 공간은 잘 표현한 것 같다. 선생님께서도 트럭을 잘 표현했다고 칭찬해 주셨다.

카프라를 정리하기 전에 사진을 찍어서 남겼다. 아빠께 내 작품을 보여드리고 싶었기 때문이다. 다음에는 더 멋진 작품을 만들고 싶다.

Q 그럼, 작품 일기를 직접 써 봐.

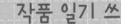

작품 일기 쓰기

20　년　월　일　요일　날씨:

〈제목:　　　　　　　　　　　〉

----

8. 코디 일기

내가 무슨 옷을 입었는지 기록하는 것도 재미있는 일기의 소재가 된다는 것, 알고 있니?

코디는 옷, 신발 등을 전체적으로 조화롭게 착용하는 것을 말한단다. 코디 일기는, 내가 어떤 옷차림을 했는지 사진으로 남기고, 그것에 대한 설명, 생각이나 느낀 점을 쓰면 된단다.

코디 일기를 시간이 지나서 보면 정말 재미있을 거야. 어린이는 매년 성장하잖아. 조금씩 커지니까, 몇 년 전의 옷은 작아져서 못 입게 되지. '이 시기의 나'만이 입을 수 있는 옷, 신발, 모자 등을 사진으로 잘 남겨 보자고!

코디 일기를 잘 남겨 두면, 나중에 이 시대 어린이들의 패션을 보여주는 좋은 자료가 될지도 몰라. 내가 열심히 남긴 사소한 기록들이, 절대 사소하지만은 않다는 것을 시간이 지나면 알게 될 거야.

시간이 흘러, 모든 것이 과거의 일이 된다는 것이 아직 너에게 바로 와닿지는 않지? 그렇지만 생각보다 금방이란다. 네가 내가 되기까지의 그 시간이 말이야.

그럼, 코디 일기의 예시를 보자.

20XX년 9월 10일 일요일   날씨: 코스모스가 한들한들 흔들린 날

<이번 주 나의 코디>

이번 주 나의 코디 사진이다.

첫 번째 사진은 수요일 미술 시간 전에 찍은 사진이다. 미술 시간에는 찰흙으로 그릇 만들기를 했는데, 옷에 찰흙이 묻지 말라고 꺼내서 입었다. 앞치마의 꽃무늬가 조금 부끄럽기는 했지만, 앞치마 덕분에 옷을 버리지 않았다. 앞치마는 물감을 쓸 때나 서예를 할 때 또 꺼내 입을 것이다.

두 번째 사진은 토요일에 도형, 동주, 은주와 함께 곤충 채집을 하러 강변에 갔을 때의 모습이다. 햇볕이 뜨거워서, 모자도 잘 쓰고 나갔다. 풀사이를 지나다닌다고, 긴바지와 긴소매를 입은 것도 잘한 선택이었다.

내가 입은 옷을 기록해 두는 게 너무 재미있다. 다음 주에 입은 옷도 코디 일기로 남기고 싶다.

○ 그럼, 코디 일기를 직접 써 봐.

코디 일기 쓰기

20   년   월   일   요일   날씨:

<제목: >

----

9. 가족 신문 만들기

국어 6-1 ④ 〉 9. 마음을 나누는 글을 써요 〉 [7-8차시] 학급 신문 만들기

Q '사진으로 쓰는 일기' 장에서, 왜 '가족 신문 만들기'가 나오느냐고? 우리는 현재를 다양하게 기록하는 방법에 대해 알아보는 중이야. 꼭 '일기'라는 형식이 아니더라도, '가족 신문'은 글과 사진 등으로 현재를 알차게 기록할 수 있는 방법이거든. 그래서 꼭 알려 주고 싶었어.

가족 신문은 한 달에 한 부씩 꾸준히 발행하는 것을 추천해. 한 달간 있었던 우리 가족들의 중요한 일들을 기사문으로 작성해서 신문을 만드는 거지. 중요한 일들에 관한 사진도 넣어서 말이야. 그렇게 매달 가족 신문을 만들고, 가족 신문이 쌓이다 보면, 그 자체가 우리 가족의 역사가 되는 거지.

Q 펼쳐 들면, 젊은 우리 가족의 울고 웃던 모습이 다 나타나 있는 기록이라니! 생각만 해도 신나는걸!

신문 기사를 쓰려면, 기사문에 대해 먼저 알아봐야겠지. 기사문은 보고 들은 사실을 적은 글을 말해.

기사문은 육하원칙(누가, 언제, 어디서, 무엇을, 어떻게, 왜)에 따라 써야 한단다. 제목은 기사문의 내용을 대표하는 것으로 써야 하고, 내용은 정확하고 간결하게 써야 해. 기사문의 예시는 다음과 같아.

△△초등학교 가을 운동회 개최

20XX년 10월 6일 금요일

10월 6일 금요일, △△초등학교에서 가을 운동회가 열렸다. 이번 운동회에는 학생, 교사, 학부모 300여 명이 참가했다.

판 뒤집기, 콩주머니 던지기, 대형 공굴리기 등 15개의 경기가 진행되었고 학생들은 청군과 백군 두 팀으로 나뉘어 열띤 응원을 했다. 미션 달리기, 줄다리기에는 학부모와 교사도 참여해, △△초 가족 모두가 참여하는 운동회가 되었다.

운동회에 참가한 6학년 김지혜 학생은 "초등학교 마지막 운동회였는데, 6년 중 최고로 재미있었다"라며 운동회에 대한 소감을 밝혔다.

신지영 기자

○ 가족 신문 만들기는 다음과 같은 순서로 하는 것이 좋아.

① 가족들과 같이, 한 달간 있었던 일 중 가장 인상 깊은 일 4~5가지를 정한다.

② 가족들은 각각 기사문을 한두 개씩 쓴다. 기사문 마지막에는 누가 썼는지도 표기한다. 기사문이라는 형식에 얽매이지 않고, 일기, 편지, 기행문, 시, 편지 등을 써서 넣는 것도 좋다.

③ 기사문과 사진, 그림 등을 모아 가족 신문을 완성한다.

그럼, 가족 신문의 예시를 보여 줄게.

은아네 가족 신문(20XX년 12월호) 20XX. 12. 31 발행
편집·발행: 김은아, 김우경, 박지영

<엄마가 쓰는 편지>

사랑하는 우리 가족에게

가족 신문의 지면을 빌려 우리 가족에게 편지를 씁니다. 어느덧 20XX년도 다 지나갔네요. 올해도 우리 가족 모두, 별 탈 없이 잘 보낼 수 있어서 기쁩니다.

올해 들어 은아는 편식하지 않게 되었지요. 엄마, 아빠가 만들어 주는 음식을 모두 맛있게 먹고 있어서 기쁩니다.

엄마는 올해 하모니카를 배우기 시작했어요. 쉬운 곡은 어느 정도 연주할 수 있게 되어 뿌듯합니다.

아빠는 올해 우리 가족에게 재미있는 보드게임을 많이 소개해 주었지요. 다 같이 즐거운 시간을 보낼 수 있어 참 좋았습니다.

우리 가족, 내년에도 건강하고 행복하게 보냅시다.

20XX. 12. 14
엄마 박지영

<사촌 동생 문희, 놀러 오다>

12월 16일, 사촌 동생 문희가 우리 집에 놀러 왔다.

사촌 동생이 나를 가장 좋아해서, 나는 내내 사촌 동생과 놀아 주었다. 문희는 침대 위에서 폴짝폴짝 뛰는 것을 좋아했다. 우리는 같이 인형 놀이도 하고 숨바꼭질도 했다.

집에 갈 때 문희는 많이 아쉬워했다. 다음에 문희가 놀러 오면 또 많이 놀아 줄 것이다.

김은아

<눈썰매장 가족 나들이>

12월 17일, 우리 가족은 눈썰매장에 갔다. 은아가, 겨울이 되니 눈썰매가 너무 타고 싶다고 여러 번 말했기 때문이다.

은아는 10번도 넘게 눈썰매를 탔다. "이렇게 재미있는 거 처음이다"라고 말하며 활짝 웃었다.

은아가 즐거워하는 모습을 보니 주말을 참 알차게 보낸 기분이 들었다. 은아에게, 다음에 또 데리고 간다는 약속을 했다. 겨울 방학 때 눈썰매장에 또 가자꾸나.

아빠 김우경

<산타 할아버지의 선물>

12월 25일, 크리스마스 날 아침에 일어나니 머리맡에 쪽지가 하나 놓여 있었다.

쪽지를 열어 보니 "옷장으로 가시오"라고 적혀 있었다.

옷장을 열어보니 쪽지가 또 있었다. "냉장고로 가시오"라고 적힌 쪽지였다. 냉장고로 가니 쪽지가 또 있었다. 쪽지를 따라 냉장고에서 밥솥으로 갔고, 마지막으로 내 방으로 가니 책상 아래에 선물이 있었다.

선물은 내가 이전부터 갖고 싶었던 만화 그리기 세트였다. 만화 그리는 법에 관한 책, 마커, 붓펜, 고체 물감 등. 너무 좋았다. 산타 할아버지는 내 마음을 어떻게 이렇게 잘 아실까? 선물도 무척 마음에 들고, 쪽지 따라가는 것도 아주 재미있었다.

산타 할아버지 고맙습니다! 1년 동안 바르게 열심히 지낼게요. 내년에도 또 와 주세요.

김은아

◯ 그럼, 가족 신문을 직접 만들어 보자.

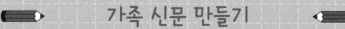

가족 신문 만들기

(   )네 가족 신문(20   년   월호)

10. 포토북 만들기

🧑 찍은 사진이 많아지면, 포토북을 만들어서 사진을 정리해 보는 것은 어때? 포토북은 사진을 모아서 책으로 만든 것을 말해. 포토북은 '스냅스, 퍼블로그, 찍스' 등의 사진 인화 사이트에서 만들 수 있어.

Q 포토북은 여러 가지 크기로 만들 수 있고, 찍은 사진을 실물로도 간직할 수 있어서, 소중한 추억을 미래로 보낼 수 있는 확률을 높여 주지. 그리고 포토북은 생각날 때마다 쓱 꺼내 볼 수 있어서 좋아. 가족들과 포토북을 같이 보면 이야기꽃이 피어나고 말이야.

🧑 포토북은 여러 가지 주제로 만들 수 있어. 예를 들면 다음과 같아.

① 성장 앨범: 20XX년의 나

② 졸업 앨범: 초등학교를 졸업하며

③ 여행 포토북: 4박 5일 강원도 여행

④ 여행지 소개 포토북: 경주의 대표적인 문화유산 소개

⑤ 방학 포토북: 신나는 여름 방학

⑥ 가족 포토북: 즐거웠던 20XX년을 추억하며

⑦ 친척 포토북: 김씨 집안 구성원 소개

⑧ 반려동물 포토북: 깐돌이의 일상다반사

⑨ 작품 포토북: 20XX년 나의 그림과 작품들

⑩ 우리 동네 포토북: ○○동 구석구석 탐험

⑪ 식물 포토북: 아름다운 꽃과 나무들

⑫ 풍경 포토북: 내가 본 멋진 풍경들

앞의 예시 외에도, 다양한 주제로 포토북을 만들 수 있어.

Q 포토북을 만들 때는 다음과 같은 순서로 할 수 있어.

① 포토북의 주제를 정한다.

② 포토북에 들어갈 사진을 선정한다.

③ 포토북을 만들 수 있는 사이트에 접속해 포토북을 만든다. 표지에는 포토북의 제목과 대표 사진을 넣는다. 내지에는 사진을 원하는 크기와 모양으로 배치한다. 필요하다면 사진에 대한 간단한 글을 추가한다. 성장 앨범이나 여행 포토북 등을 만들 때는 사진을 찍은 날짜도 함께 적어두면 좋다.

④ 포토북 마지막 쪽에는 제작 후기, 만든 사람, 만든 날짜를 쓴다.

⑤ 포토북을 주문한다.

🙂 포토북의 예시는 다음과 같아.

포토북 표지의 예시

포토북 내지의 예시

○ 그럼, 포토북을 직접 만들어 봐.

포토북 만들기

20 년   월   일   요일   날씨:

⟨포토북 제목: ⟩

1. 포토북 제작 계획하기

2. 포토북 제작하기

3. 포토북 제작 후기 쓰기

희정이의 일기 〈초등학교 3학년 일기〉

> (12)月(29)日(♥)요日날씨(바람이 붊)
> 〈일기 쓰는 시간〉
> 지금은 9시 반. (오전)
> 어머니께서 아침에 늦게일어 나서
> 아침밥을 빨리 빨리 먹으려고 했는데
> 아침밥 먹는 시간을 늦추 기로 하였다.
> (오늘 만)
> 나는 생각을 해 보았다.
> '어른들은 왜 이렇게 늦게 일어 나실
> 까? 어제 나는 어머니보다 늦게 잤
> 는데 왜, 아까 전에 일어났을까?…
> …'
> 아무리 생각 하여 보아도 나의 궁금
> 증은 가시지 않았다.
> '왜 그럴까?'
> '왜…'
> 나는 어린이는 활발하기 때문에 일
> 찍 일어나기를 좋아하는것 같았다.
> 그리고 이제부터는 , 어머니, 아버지
> 께서 어서 빨리 일어 났으면 좋겠다
> "꼬록…"
> 아차! 빨리 밥을 먹어야지.

🧒 어렸을 때는 주말만 되면 왜 그렇게 눈이 빨리 떠졌을까? 지금 생각해 보면 이쪽이 더 신기한걸.

'어른들은 왜 이렇게 늦게 일어날까?'에 대한 답을 너도 언젠가 경험으로 알게 될 텐데…… 부디 그 순간이 늦게 오기를 바라!

희정이의 일기 〈초등학교 4학년 일기〉

검인	5월 6일 ♥ 요일	날씨 ☀	기 온	
제목	이빨	자기평가	1 2 3 4 5 6	
			1 1 1 2 1 1	

　　피아노 학원에서 피아노를 열심히 치고
있을때, 어머니께서 오셔서 "희정아
치과에 가자……"고 말씀하셨다. 나는
할 수 없이 따라 나섰다. 원래 치과
에 가기로 계획되어 있었는데… 이빨
빼러 간다니 무서워서… 나는 사실
이빨 빼는것은 질색이다.
　　치과에 도착. 두근 두근 콩딱콩딱.
내가슴은 떨리기만 한다. "희정이
들어오세요." "으악." 나는 치과 안에
들어가서 송곳니 2개를 뽑히고 나왔
다.
　　빼니까 속이 후련 하였다. 뽑을때
"지직." 소리만 날 뿐 별로 아프지는
않았다. "내가 괜히 엄살부렸나?"
　　오늘 이빨을 뽑으니까 시원 하였
지만 앞으로는 절대 이빨 안 뽑을 거!

👵 치과에 간 경험을 자세히 써 두니, 지금 다시 읽어도 그때의
두근두근, 콩닥콩닥한 마음이 생생히 느껴지네. 자세히 쓰
는 것의 중요성을 이제는 잘 알겠지?
치과에 가는 것은 지금도 무섭네. 하핫.

4장

영상으로 쓰는 일기

1. 영상 일기는 어떻게 쓸까?

Q 이제 영상 일기에 대해 알아보자. 영상 일기는 자신의 일상을 동영상으로 남긴 것을 말한단다.

영상 일기를 쓰면 좋은 점이 뭘까? 영상 일기를 쓰면 일상을 매우생생하게 남길 수 있어. 영상은 지금 내가 보고 있는 인물의 모습, 사물, 배경을 보이는 그대로 기록하잖아. 정지된 모습이 아니라 움직이는 모습을, 소리까지 함께 기록할 수 있지. 시간이 흐르고 내가기록한 영상 일기를 다시 보면 감회가 새로울 거야. '내가 이렇게어렸던가?', '부모님이 정말 젊으셨구나', '우리 할아버지 목소리를다시 들으니 좋네' 등. 눈앞에서 다시 재생되는 그 영상들은 어른이된 나를 무척이나 행복하게 만들 거야.

어린 시절을 생생히 기록할 수 있는 건, 아직 어린 너밖에 없으니까. 영상 일기 쓰기를 부탁해!

🔵 그럼 영상 일기를 쓰는 방법을 같이 알아보자. 영상 일기를 쓰는 기본적인 방법 세 가지를 소개할게.

첫 번째는, 일상에서 기억해 두고 싶은 장면을 만났을 때 휴대전화 카메라 앱의 동영상 촬영 기능을 이용해 촬영하는 거야. 친구나 가족과 재미있는 이야기를 나눌 때, 놀이터에서 다람쥐나 까치를 만났을 때, 하늘이 너무 예쁠 때 등. 우리는 오래 기억해 두고 싶은 장면들을 만나고는 하잖아? 그때 재빨리 동영상을 남겨 두는 거지.

두 번째는, 하루를 마무리할 때쯤 휴대전화 카메라 앱의 동영상 촬영 기능을 켜고, 카메라 앞에서 오늘 있었던 가장 인상 깊었던 일에 대해 이야기해 보는 거지. 내가 보고 듣고 느낀 것에 대해서 말이야. 이것도 훌륭한 영상 일기가 된단다. 영상의 시작에는 "20XX년 X월 X일 X요일의 영상 일기입니다"라고 말해 보는 것을 추천해. 혹시 파일의 촬영 날짜 정보가 사라졌을 경우에도, 어느 날의 일기인지 바로 알 수 있으니까.

세 번째는, 카메라 앞에서 내가 소개하고 싶은 것을 소개하는 거야. 소개의 대상은 내 방, 우리 집, 우리 가족, 나의 꿈, 내가 아끼는 것, 내가 좋아하거나 싫어하는 것, 추천 영화, 추천 도서 등, 주변에서 흔히 접할 수 있거나 내가 관심 있는 것은 무엇이든 좋아. 대상에 대해 설명하고 나의 생각이나 느낌도 말해 봐.

🔵 이제 영상 일기를 쓰는 방법을 알겠지?

일반적인 영상 일기에서, 영상의 길이는 1~2분 정도가 적당해. 길게 촬영해야 한다는 부담감을 느끼지 않았으면 해. 특별한 날에는 좀 더 길게 촬영해도 좋아. 나중에 설명할 장기 자랑 일기, 영화 일기 등은 길게 촬영해도 좋은 일기들이지.

🧑 영상 일기 촬영 후, 일기장에는 영상 일기를 썼다고 간단히 적어 두렴. 예를 들어 다음과 같이 말이지.

20XX년 3월 15일 수요일　날씨: 가랑비에 옷이 조금 젖은 날

〈희란이가 만들어 준 맛있는 김치전(영상 일기)〉

파일명: 20XX0315_173006.mp4

희란이표 김치전 요리법이 잘 나타난 영상이다. 우리들의 웃음 소리가 잔뜩 들어가 있어서 다시 볼 때 저절로 웃음이 난다.

이렇게 적어 두면, 나중에 내가 쓴 영상 일기를 찾아보기가 좀 더 쉬워진단다.

🔍 그럼 이제, 영상을 어떻게 찍는지 자세히 알아보자.

2. 영상을 어떻게 찍을까?

○ 우리는 '휴대전화 카메라 앱'을 사용해 영상을 찍는 방법에 대해 알아볼 거야. 휴대전화는 언제든지 가지고 다니며 촬영하기 좋으니까.

● 영상을 찍는 것도 사진 찍는 방법과 비슷해. 찍을 대상이 카메라 앱 화면에 잘 들어오도록 조정하고, 흔들리지 않게 휴대전화를 두 손으로 잘 잡고 찍는 거야. 찍으려는 부분에 초점이 맞지 않으면, 원하는 부분을 앱 화면에서 터치해서 초점을 맞춘 후에 찍으면 돼.

○ 영상을 찍을 때는 휴대전화를 가로 방향으로 들고 촬영하는 것이 좋아. 가로 방향으로 촬영하면 더 넓게 찍을 수 있고, 더 많은 정보를 화면에 담을 수 있기 때문이야. 그리고 일반적인 재생 장치(텔레비전, 컴퓨터 모니터)는 가로 방향의 영상을 보기에 적합하거든.

● 전면 카메라를 보고 독백하듯 말할 때는 세로 방향으로 촬영하는 것도 괜찮긴 하지만 말이야. 그 외의 상황에서는 되도록이면 가로 방향으로 촬영해 보자!

○ 카메라 앱의 버튼 중, '사진으로 쓰는 일기' 장에서 설명하지 않았던 버튼에 대해 간단히 설명할게.

① 해상도: 해상도를 선택함.

② 화면비: 화면비를 선택함. 16:9 촬영이 기본임.

③ 슈퍼스테디: 손 떨림 방지 기능을 켜고 끔.

④ 자동 프레이밍: 이 기능을 켜면 사람이 화면 안으로 들어오도록 줌이 자동으로 조절됨.

⑤ 촬영: 버튼을 누르면 영상 촬영이 시작됨. 촬영이 시작되면 다음과 같은 버튼으로 바뀜.

   ⏸️ ⏹️ 왼쪽 버튼을 누르면 촬영을 일시 정지함.

   오른쪽 버튼을 누르면 촬영을 종료함.

🔵 영상을 찍을 때는 수평을 맞춰서 찍어야 해. 수평을 맞춰 찍은 영상이 안정감을 주거든. 설정 버튼을 눌러 '수직·수평 안내선' 기능을 켜면, 수평을 맞춰 찍는 데 도움을 받을 수 있어.

영상을 찍을 때 삼각대를 이용하는 것도 좋은 방법이야. 삼각대에 휴대전화를 고정하고 촬영하면 흔들림 없는 영상을 찍을 수 있으니까.

◯ 영상을 찍을 때는 스스로 찍을 수도 있고, 가족이나 친구들에게 부탁할 수도 있지. 촬영을 부탁할 때는 어떤 구도로, 어떤 장면을 찍어 주기를 원하는지 구체적으로 말하도록 하자. 내가 원하는 영상을 얻으려면 자세히 설명해야 해.

● 영상을 찍을 때 초상권 침해에도 주의해야 해. 영상을 찍기 전에 찍을 대상의 허락을 먼저 구해야 하지. 미성년자의 촬영에는 그 부모님의 허락을 먼저 구해야 하고 말이야.

그리고 영상을 인터넷에 올릴 때는 충분히 주의를 기울여야 해. 영상에 나오는 사람들의 동의를 얻어야 할 뿐만 아니라, 그 영상이 미칠 영향까지 진지하게 생각해 봐야 해. 개인정보의 유출이나 사생활 침해 등에 대해서도 고려해 보아야 하지. 인터넷에 영상을 올리기 전에 반드시 부모님과 먼저 상의하도록 하자.

◯ 영상 일기를 보는 대상은 누구일까? 영상 일기를 보는 대상은 다름 아닌 나잖아. 그러니, 영상 일기를 쓸 때는 솔직한 내 모습을 드러내면 된단다.

영상 일기를 쓰는 과정은 다음과 같아.

① 주제 정하기

② 내용 및 장면 정하기

③ 촬영하기

④ 편집하기

편집하기는 필수적인 과정은 아니지만, 찍은 영상을 편집하면 좀 더 완성도 높은 결과물을 얻을 수 있지. 영상 편집 앱에는 '비바 비디오, 키네마스터, 블로' 등이 있어. 영상 자르기, 붙이기, 자막 넣기, 배경음악 넣기 등, 다양한 편집을 할 수 있으니 영상 편집 앱도 활용해 보렴.

그럼 이제, 영상 일기를 직접 써 보자! 영상 촬영 후, 영상 일기에 대한 설명이나 느낀 점도 써 보면 좋겠네.

영상 일기 쓰기

〈제목: 〉

1. 촬영 계획하기(주제 정하기, 내용 및 장면 정하기)

2. 촬영 및 편집하기(파일명:)

3. 영상 일기에 대한 설명이나 느낀 점 쓰기

영상 일기 쓰기

20 년 월 일 요일 날씨:

〈제목: 〉

1. 촬영 계획하기(주제 정하기, 내용 및 장면 정하기)

2. 촬영 및 편집하기(파일명:)

3. 영상 일기에 대한 설명이나 느낀 점 쓰기

영상 일기 쓰기

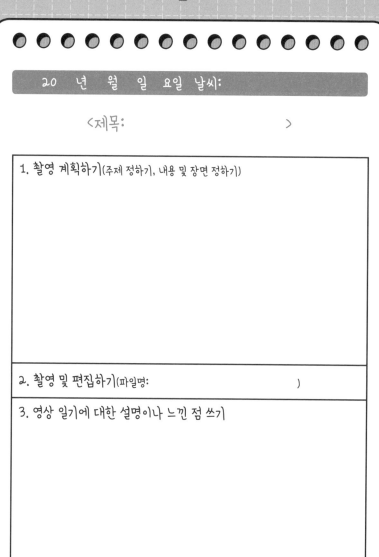

20   년   월   일   요일   날씨:

<제목: >

1. 촬영 계획하기(주제 정하기, 내용 및 장면 정하기)

2. 촬영 및 편집하기(파일명:)

3. 영상 일기에 대한 설명이나 느낀 점 쓰기

여러 가지
형식의
영상 일기

1. 영상 편지 일기

국어 2-1 ㉮ 〉5. 낱말을 바르고 정확하게 써요 〉
[6-7차시] 마음이 잘 드러나게 편지 쓰는 방법 익히기

지금부터는 여러 가지 형식의 영상 일기를 알아볼 거야.

텔레비전에서 영상 편지를 보내는 모습을 본 적이 있니? 영상 편지는 전하고 싶은 말을 영상으로 촬영해 보내는 것을 말한단다. 마음을 전하고 싶은 사람에게 영상 편지를 보내는 것은 어때? 고마운 마음, 미안한 마음, 존경하는 마음 등을 영상 편지로 전하면 좋을 거야.

우리가 남기는 모든 기록은 미래로 미래로 보내질 거라는 거, 알지? 이건, 어린 내가 미래의 나에게 영상 편지를 쓰는 것도 가능하다는 이야기야.

미래의 나에게도 영상 편지를 써 줄래? '어린 나'의 응원과 격려는 힘이 세거든. 힘들거나 우울할 때 다시 활기를 찾는 팁을 알려 줘도 좋아. 어른이 되면 어린 시절의 그 생명력 가득한 에너지를 잊을 때가 있거든. 네가 알려주면 나는 무척 힘이 날 거야.

영상 편지를 쓸 때는, 글로 쓰는 편지처럼 다음 내용이 들어가면 좋아.

① 받을 사람

② 첫인사

③ 전하고 싶은 말

④ 끝인사

⑤ 쓴 날짜

⑥ 쓴 사람

그렇지만 너무 엄격하게 지키지는 않아도 돼. 중요한 것은 '전하고 싶은 말'이니까.

영상 편지를 촬영할 때는 카메라 렌즈를, 마치 상대방을 바라보는 것처럼 보고 말해 줘. 영상은 완벽하지 않아도 괜찮아. 웃는 모습도 보여 주면 좋을 거야.

그럼, 영상 편지 일기를 직접 써 보자.

영상 편지 일기 쓰기

20 년 월 일 요일 날씨:

〈제목: 〉

1. 촬영 계획하기(주제 정하기, 내용 및 장면 정하기)

2. 촬영 및 편집하기(파일명:)

3. 영상 일기에 대한 설명이나 느낀 점 쓰기

2. 취미 일기

🙂 너는 어떤 취미를 가지고 있니? 취미 활동을 하는 모습을 영상으로 찍어 보는 것은 어때? 취미 활동도 영상 일기의 좋은 소재거든.

🔍 축구, 농구, 태권도, 줄넘기, 춤, 노래, 악기 연주, 블록 조립, 그리기, 만들기, 보드게임, 스포츠 경기 관람, 음악 감상, 영화 감상, 독서, 요리 등. 다양한 취미들이 있지.

🙂 그림을 그리는 모습이라든가, 블록을 조립하는 모습이라든가, 요리하는 모습이라든가……. 무언가에 열중하는 모습은 정말 멋진 모습이거든.

취미 활동에 열중하는 모습을 1~2분 정도 길이의 영상으로 촬영해 봐.

🔍 나의 취미뿐만 아니라 가족의 취미를 촬영해 보는 것도 좋아. 우리 가족이 어떤 취미를 가졌는지 기록해 두고, 시간이 많이 흐른 후의 발전된 모습과 비교해 보면 재미있을 거야.

🙂 그럼, 취미 일기를 직접 써 보자.

취미 일기 쓰기

20 년 월 일 요일 날씨:

〈제목: 〉

1. 촬영 계획하기(주제 정하기, 내용 및 장면 정하기)

2. 촬영 및 편집하기(파일명:)

3. 영상 일기에 대한 설명이나 느낀 점 쓰기

3. 장기 자랑 일기

🧑 장기 자랑을 해 본 적이 있니? 장기 자랑은 자신이 잘하는 재주를 사람들 앞에서 보여 주는 것을 말한단다. 반 친구들과 선생님 앞에서 장기 자랑을 한다면, 너는 어떤 것을 보여 줄 거야? 태권도 품새, 노래, 춤, 악기 연주, 마술 등, 네가 잘하는 것을 떠올려 봐.
장기 자랑을 하는 모습을 영상으로 남긴 것이 장기 자랑 일기란다.

◯ 장기 자랑 일기와 취미 일기의 종목이 일부 겹치기도 하는데, 둘의 차이점은 장기 자랑 일기는 좀 더 완성도 있는 무대를 보여 주어야 한다는 점이지. 관객이 있는 무대에 올라왔다고 생각하고, 장기 자랑 일기를 촬영해 보자.

🧑 장기 자랑으로 역할극이나 연극을 해도 된단다. 장기 자랑은 꼭 혼자 해야 하는 것은 아니거든. 친구들과 연습하고, 실제로 역할극이나 연극을 하는 모습을 찍어 보는 것도 좋아. 표정, 몸짓, 대사를 실감 나게 하면 멋지겠다. 음악이나 분장 등도 준비하면 더욱 좋고.

◯ 그럼, 장기 자랑 일기를 직접 써 보자.

장기 자랑 일기 쓰기

20 년 월 일 요일 날씨:

<제목: >

1. 촬영 계획하기(주제 정하기, 내용 및 장면 정하기)

2. 촬영 및 편집하기(파일명:)

3. 영상 일기에 대한 설명이나 느낀 점 쓰기

4. 여행 일기

🧒 여행 일기는 여행하며 촬영한 영상을 편집해서 만든 영상을 말한단다. 여행지에서 촬영한 영상 중, 여행지의 특징이 잘 나타난 영상, 재미있었던 체험이나 대화가 잘 나타난 영상 등을 잘라서 이어 붙이고, 어울리는 배경음악이나 자막을 넣어 여행 일기를 완성하면 된단다.

💬 여행을 떠나기 전에 어떤 곳에 방문할지 미리 계획을 세우잖아. 여행 일기를 쓸 때는, 여행 계획을 세우는 단계에서 미리 촬영 계획을 세우는 것이 좋아. 그래야 여행의 모습을 좀 더 알차게 영상으로 담을 수 있거든.

🧒 어떤 것에 중점을 둔 영상을 찍을지도 미리 생각하는 것이 좋아. 관광지를 소개하는 것에 중점을 둘지, 여행을 같이 가는 사람들의 모습이나 대화에 중점을 둘지, 여행 가서 먹은 음식에 중점을 둘지, 자연의 아름다움에 중점을 둘지 등을 미리 생각해 봐.

💬 '그림으로 쓰는 일기' 장의 '표 일기 쓰기'에서 예시로 들었던 '부산 여행 계획' 기억나? 부산 여행 계획에 영상 촬영 계획을 추가해 보았어. 여행지에 가서 즐거워하는 가족들의 모습에 중점을 둔 영상을 찍으려고 해.

<부산 여행 계획>

시작 시각	장소와 할 일 (촬영 계획)
9:00	집에서 나와 기차역으로 이동 (기차역 전경, 여행에 대한 기대)
10:00	기차 타고 부산역으로 이동 (창밖을 바라보는 모습)
12:00	부산역 도착, 남포동에서 점심 먹기 (점심 먹는 모습)
13:30	남포동, 자갈치 시장 구경 (남포동, 자갈치 시장을 구경하는 모습)
15:00	보수동 헌책방 구경 (헌책방의 책을 구경하는 모습)
17:00	다대포에서 저녁 먹고 산책하기 (저녁 먹는 모습, 산책하며 대화하는 모습)
19:00	부산역으로 이동, 기차 타고 집으로 (기차 밖의 풍경)
22:00	집 도착 (여행 감상)

여행을 떠나서는, 촬영 계획에 따라 영상을 촬영하면 돼. 추가로 넣고 싶은 장면이 있다면 더 촬영해도 되고 말이야.

여행을 다녀와서, 같이 다녀온 사람들의 감상도 촬영해서 넣는 것을 추천해. 기행문을 쓸 때도 '감상'이 중요한 부분이잖아. 여행을 다녀온 사람이 이 여행을 통해 무엇을 느끼고 무엇을 얻었는지 잘 알 수 있게, 감상도 촬영해 봐!

영상 촬영을 끝내고 나면, 찍어둔 영상 중 필요한 부분을 잘라서 이어 붙이고, 배경음악이나 자막을 넣어 여행 일기를 완성해 보렴. 영상 편집 앱을 이용해서 말이야.

◯ 그럼, 여행 일기를 직접 써 보자.

여행 일기 쓰기

20   년   월   일   요일   날씨:

〈제목: 〉

1. 촬영 계획하기(주제 정하기, 내용 및 장면 정하기)

2. 촬영 및 편집하기(파일명:)

3. 영상 일기에 대한 설명이나 느낀 점 쓰기

5. 모임 일기

🧑 설과 추석 같은 명절에 가족과 친척들이 모이잖아. 나는 그럴 때 우리 가족과 친척들의 모습을 영상으로 담았어. 음식을 만드는 모습이라든지 같이 이야기를 나누는 모습이라든지……

지금 다시 그 영상들을 보면, 우리 집안 역사의 한 면을 잘라내어 보고 있는 것 같은 느낌이 든단다.

이미 어른이 된 사촌들의 어린 모습을 보면, '우리가 이렇게 귀여웠을 때도 있었구나' 하는 생각이 들고, 이제는 내 곁에 계시지 않은 분들을 보면, '항상 이렇게 따뜻하게 우리를 맞아 주셨지' 하는 생각도 들어. 영상을 다시 보면 마음이 무척 따뜻해진단다.

🔍 모임 일기는 여러 명이 모였을 때의 모습을 촬영한 영상을 말해. 가족, 친척들뿐만 아니라 친구들과 모였을 때의 모습을 영상으로 남겨 봐. 대화하는 모습이나 같이 맛있는 것을 먹는 모습이나 보드게임을 하는 모습 등, 이 모든 것들은 우리들이 그리워할 순간이 되지.

그럼, 모임 일기를 직접 써 보자. 영상의 등장인물들에게 미리 촬영 동의를 구하는 것, 잊지 마!

모임 일기 쓰기

○○○○○○○○○○○○○○○○○

20　년　월　일　요일　날씨:

〈제목:　　　　　　　　　〉

1. 촬영 계획하기(주제 정하기, 내용 및 장면 정하기)

2. 촬영 및 편집하기(파일명:　　　　　　　　　)

3. 영상 일기에 대한 설명이나 느낀 점 쓰기

6. 인터뷰 일기

사회 3-2 〉 1. 환경에 따라 다른 삶의 모습 〉 1. 우리 고장의 환경과 생활 모습

👦 누군가를 인터뷰해 본 적이 있니? 인터뷰는 정보를 얻기 위해 개인이나 집단을 만나 이야기를 나누는 것을 말해. 인터뷰 일기는, 인터뷰 형식으로 찍은 영상을 말한단다.

◯ 인터뷰는 다음과 같은 순서로 하면 돼.

① 인터뷰 목적과 주제 정하기, 관련 자료 찾기

② 인터뷰 대상자 정하기, 인터뷰 질문 준비하기

③ 인터뷰 목적과 주제 안내하기, 인터뷰 시간과 장소 정하기

④ 인터뷰 촬영하기

⑤ 필요한 장면을 편집해 영상 완성하기

👦 나는 주로 부모님, 친척, 친구 등, 내 주변의 사람들을 더 잘 알기 위해 인터뷰를 했어. 취미나 관심사, 인생 이야기, 여행 경험, 장래 희망, 기억에 남은 일 등에 대해서 들었지. 인터뷰를 통해 여러 가지 이야기를 듣는 것은 나에게 참 값진 시간이었어. 인터뷰 일기를 나중에 다시 꺼내 봐도 참 좋더라니까.

◯ 그럼, 인터뷰 일기를 직접 써 보자.

인터뷰 일기 쓰기

20 년 월 일 요일 날씨:

<제목: >

1. 촬영 계획하기(주제 정하기, 내용 및 장면 정하기)

2. 촬영 및 편집하기(파일명:)

3. 영상 일기에 대한 설명이나 느낀 점 쓰기

7. 뉴스 일기

국어 6-2 ⓑ 〉 6. 정보와 표현 판단하기 〉 [7-8차시] 관심 있는 내용으로 뉴스 원고 쓰기

🙂 텔레비전에서 뉴스를 본 적이 있을 거야. 뉴스는 새로운 소식을 전해 주는 방송 프로그램을 말해. 요즘 관심 있게 본 뉴스가 있니? 나는 야구를 좋아해서, 스포츠 뉴스를 챙겨볼 때가 많아. 문화 행사 소식이나 날씨 예보를 보기도 하고.

◯ 뉴스가 어떤 짜임으로 이루어졌는지 알아보자. 뉴스는 다음과 같은 짜임으로 이루어져 있어.

① 진행자의 도입: 보도할 내용 유도, 전체 요약 안내

② 기자의 보도: 면담 자료, 통계 자료로 설명

③ 기자의 마무리: 전체 내용 요약, 핵심 내용 강조

🙂 뉴스 일기는, 뉴스 형식으로 찍은 영상을 말해. 꼭 거창한 일들만이 뉴스가 되는 것은 아니야. 우리 주변에서 일어난 일들, 주변 사람에 관련된 작은 소식들도 충분히 좋은 뉴스의 소재가 된단다. 동생이 태어난 일, 우리 동네에 금목서가 예쁘게 핀 일, 며칠째 계속 비가 내리는 일, 가족과 외식한 일 등. 주변에서 뉴스의 소재를 찾아 봐!

◯ 그럼, 뉴스 일기를 직접 써 보자.

뉴스 일기 쓰기

<제목: >

1. 촬영 계획하기(주제 정하기, 내용 및 장면 정하기)

2. 촬영 및 편집하기(파일명:)

3. 영상 일기에 대한 설명이나 느낀 점 쓰기

8. 광고 일기

국어 6-1 ④ 〉 6. 내용을 추론해요 〉 [7-8차시] 알리고 싶은 내용을 영상 광고로 만들기

○ 텔레비전에서 광고를 본 적이 있을 거야. 광고는 상품이나 어떤 일에 대한 정보를 널리 알리는 것을 말해.

● 광고 일기는 알리고 싶은 내용을 영상 광고로 만든 것을 말한다. 알리고 싶은 내용에는 환경 문제, 추천 도서, 전통문화, 지역 축제 등 다양하게 있겠지? 영상 광고는 다음과 같은 순서로 만들면 된단다.

① 주제 정하기

② 내용과 분량 정하기(촬영할 장면, 대사, 자막 등)

③ 장면 촬영하기

④ 편집해서 완성하기

○ 알리고 싶은 내용이 잘 드러나게 광고를 만들어 봐. 완성하고 나서 가족들이나 친구들 앞에서 발표해 보는 것도 좋아. 발표를 통해, 알리고 싶은 내용이 잘 드러난 광고가 되었는지 점검해 보자.

● 그럼, 광고 일기를 직접 써 보자.

광고 일기 쓰기

20 년 월 일 요일 날씨:

〈제목: 〉

1. 촬영 계획하기(주제 정하기, 내용 및 장면 정하기)

2. 촬영 및 편집하기(파일명:)

3. 영상 일기에 대한 설명이나 느낀 점 쓰기

9. 영화 일기

국어 6-2 ⑭ 〉 8. 작품으로 경험하기 〉 [7-8차시] 경험한 내용을 영화로 만들기

🧑 영화 일기는, 영화 형식으로 찍은 영상을 말해. 극장에서 상영하는 영화처럼 길지는 않아도 주제와 줄거리가 있는 영화를 어린이들도 만들어 볼 수 있지.

💬 경험한 일 중 즐거웠거나 신기했던 일 등을 영화로 만들어 보는 것은 어때? 재미있는 이야기를 영화로 만들어 봐도 좋고 말이야.

🧑 영화는 다음과 같은 순서로 만들면 돼.

① 주제와 제목 정하기

② 줄거리와 장면 정하기

③ 촬영하기

④ 사진이나 영상 넣기(영상 편집 앱 이용)

⑤ 배경음악과 자막 넣기

⑥ 보완해서 완성하기

💬 '줄거리와 장면 정하기' 단계에서는 장면 설명을 사진, 그림, 글로 나타내면 돼.

🧑 그럼, 앞의 순서에 따라 영화 일기를 직접 써 보자.

영화 일기 쓰기

┌───┐
│ 20 년 월 일 요일 날씨: │
└───┘

〈제목: 〉

1. 주제와 제목 정하기

주제:
제목:

2. 줄거리와 장면 정하기

장면 순서	장면 설명(사진, 그림, 글)	대사, 자막	배경음악
1			
2			
3			

4			
5			
6			

3. 촬영하기

4. 사진이나 영상 넣기(영상 편집 앱 이용)

5. 배경음악과 자막 넣기

6. 보완해서 완성하기

완성 날짜: 20 년 월 일 요일
파일명:
영화 일기에 대한 설명이나 느낀 점 쓰기:

10. 월간 영상 만들기

● 월간 영상은 그달에 촬영한 영상들을 이어 붙여 하나의 영상으로 만든 것을 말한단다. 그달에 있었던 중요한 일이나 재미있었던 일 3~5가지에 대한 영상을 이어 붙여 '20XX년 X월의 영상'을 만들어 봐.

시간이 흘러 그동안 찍어둔 월간 영상들을 모아서 보면, 우리 가족의 역사를 아주 생생히 다시 떠올릴 수 있을 거야.

○ 매달 월간 영상을 만들기에는 주어진 시간이 빠듯하다면, 분기별이나 계절별로 영상을 하나씩 만들어 보는 것도 좋은 방법이야. 중요한 것은 일정한 기간에 대한 영상을 정기적으로 만들어 보는 것이니까.

● 월간 영상에 들어가는 각 영상은, 지금까지 배웠던 여러 가지 방법으로 찍으면 돼. 각 영상 앞부분에 영상의 표지(제목, 찍은 날짜 표시)를 넣거나, 영상 중간중간에, 어울리는 자막이나 배경음악을 넣어도 좋아.

○ 월간 영상 구성의 예시는 다음과 같아.

20XX년 3월
은경이네 가족 소식
(전체 표지)

초등학교 4학년이
된 은경이의 소감
20XX. 3. 2
(중간 표지)

초등학교 4학년이 된
은경이의 소감 영상
(길이: 2분)

봄나들이 가는
우리 가족들
20XX. 3. 15
(중간 표지)

봄나들이 가는
우리 가족들 영상
(길이: 3분)

맛집 탐방
20XX. 3. 24
(중간 표지)

맛집 탐방 영상
(길이: 2분)

출연: 은경이네 가족
제작: 은경짱
(출연자, 촬영자, 편집자,
제작자 등 표시)

○ 그럼, 월간 영상을 직접 만들어 보자.
  다음 장에서는 일기 보관하기에 대해 알아보자!

월간 영상 만들기

20　년　월　일　요일　날씨:

〈제목:　　　　　　　　　　　〉

1. 촬영 계획하기(주제 정하기, 내용 및 장면 정하기)

2. 촬영 및 편집하기(파일명:　　　　　　　　)

3. 영상 일기에 대한 설명이나 느낀 점 쓰기

희정이의 일기 〈초등학교 5학년 일기〉

4 월 5 일 (♥) 요일   날씨 ☁

(외할머니   생신)

외할머니 생신이었다.   나는   외할머니의
생신인줄 몰라서   선물을   준비하지 못하였다.
아이구 외할머니 죄송해요~. 뷔페에서   하였
다. 나는 사촌을 돌보느라 생신을 고 케이크에
불을 켜고 노래를 부르지 못하였다. 그러니
이모가,

  "희정이는   노래를 안불러서   너 혼자
불러라!"

하고   말씀하셔서   나는 작은 목소리로,
  "생일축하 합니다···."
하고 불렀다. 나는 그때 '할머니 더욱
더 건강해 지세요! 하고 생각을 하였다.
비록 선물은 사드리지 못하였지만 할머
니의 기뻐하는 모습을 보아서 좋았다.

        마음의 선물이 더 중요하리.

👩 일기장에 내가 사랑하는 사람들의 이야기가 나오면 무척 반
가워. 외할머니가 나의 노래를 듣고 웃으셨던 장면을 떠올리
면 마음이 따뜻해지네.

친척들 앞에서 노래를 부를 때 부끄러웠던 내 마음을 떨리
는 글자로 표현한 부분 보이니? 이런 표현도 재미있네.

일기 밑의 담임 선생님 말씀도 참 따뜻하고 좋아.

희정이의 일기 〈초등학교 6학년 일기〉

〈사진이 어디에?〉

3월 20일●요일 흐렸다가 맑아짐.

어제 학원에서 시험을 봤다. 나는 시험 점수가 궁금해서 학원으로 갔다. 선생님께서.

"아직 선생님들이 평균을 못 냈다. 월요일에 오거라."

고 하셔서 할 수 없이 집으로 가는데, 어쩐가? 거기서 가 증명사진 찾고 안 찾은게 생각이 났다. 나랑 같이 학원에 갔던 정윤이도 증명사진을 안 찾았다고 했다. 사진관에 들러 증명사진을 찾고 들고 왔다. 집에오면서 나는 사진을 주머니에 넣고 오고 정윤이는 손에 들고 왔다.

집에 거의 도착해서 엘리베이터문이 열리는데 정윤이가 갑자기

"앗! 희정아, 증명사진이 없다."

고 했다. 통은 있었는데 사진이 없었다. 오면서 다 흘린 게로구나. 나는 내 나름대로 열심히 추리해서 정윤이에게 №₩///.장에 1000원을 받고 주워 주기로 했다. 열심히 찾자, 찾자, 찾! 1장 찾았다. 찾자 찾자~ 찾 2장 찾았다. 열심히 찾고 또 찾았으나 4장 밖에 찾을 수 없었다. 500원은 그냥 안 받았다.

나는 모든 걸 주머니에 쑤셔넣는 버릇이 있기 때문에 다행이었지만 손에 들고온 정윤이는 다 흘리고… 불쌍했다. 다음에 길 가다가 정윤이의 증명사진이 떨어져 있으면 좋겠다. 그럼 주워서 딱~ 줄텐데. 그나마 4장이라도 찾아서 다행이다. 정윤이에게 하고싶은 말!

"이제부터 괜찮거!"

👩 사진 여덟 장에 1,000원을 받고 주워 주기로 한 부분이 재미있네. 지금이라면 돈 이야기는 꺼내지도 않고, 그냥 열심히, 사진 찾는 걸 도와줄 텐데!

있었던 일을 자세히 설명해 두니, 지금 다시 읽어도 그때의 상황이 머릿속에 잘 그려지네. 정윤이는 이 일을 지금도 기억하고 있으려나? 한번 물어봐야겠어!

5장

일기
보관하기

일기장을 미래로
잘 보내 주기를 부탁해

일기장을
미래로
잘 보내 주기를
부탁해

1. 일기장 꾸미기

🧒 일기장의 표지를 내가 직접 꾸밀 수 있다는 것, 알고 있니? 도화지
를 접어 일기장의 표지를 만들고, 표지에 일기장의 제목을 쓰고, 그
림도 그리는 거지. 나의 학반과 이름도 써넣고 말이야.

일기장에 제목을 지어 주고, 표지까지 내가 꾸미면 일기장이 더 소
중하게 느껴질 거야.

필요한 준비물은 4절 도화지와 색연필, 네임펜이야. 그럼, 도화지로
일기장의 표지를 만드는 방법을 알려 줄게(잘 변색되지 않는, 머메이드지
를 사용하는 것을 추천해).

① 4절 도화지의 왼쪽 중앙에 일기장을 맞추어 놓는다. 일기장의 왼쪽 위, 아래를 도화지에 짧은 금을 그어 표시한다(일기장의 세로 길이를 표시하기 위해).

② 금을 그은 것을 기준으로, 일기장의 세로 길이만큼 남겨두고 도화지의 위, 아래를 안쪽으로 접어준다.

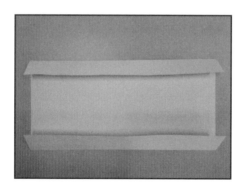

③ 도화지의 왼쪽 변과 오른쪽 변이 서로 만나도록 반으로 접어준
다.

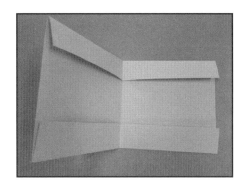

④ 일기장의 책등을 종이 중앙에 맞춰 올리고, 책날개를 일기장 안
쪽으로 접어 준다.

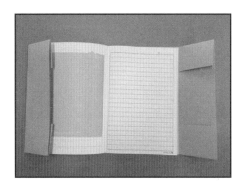

⑤ 일기장 표지에 일기장을 끼운다.

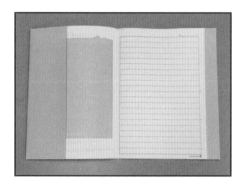

⑥ 일기장 표지 앞뒤를 네임펜, 색연필 등으로 꾸민다.

어때? 일기장 표지를 직접 만드는 방법을 알겠지? 너도 일기장 표지를 만들어서 꾸며 봐! 일기장이 더 멋지고 소중하게 변할 거야.

일기장 앞쪽 페이지에 두세 달 치 달력을 인쇄해서 붙이고, 해당하는 날짜에 맞게 내 일기의 제목을 쓰면 훌륭한 목차가 되지. 영상 일기를 쓴 날은 '영상 일기'라고 표시해 두면, 나중에 영상 일기도 쉽게 찾아볼 수 있고 말이야. 달력에 스티커를 붙이거나 그림을 그려 넣는 것도 좋아. 예시를 보여 줄게.

20XX년 4월

월	화	수	목	금	토	일
1 거짓말 성공!	2 교실놀이는 정말 재몄어.	3 (영상 일기) 우리 엄마의 취미는?	4	5 아영이랑 싸워서 가슴 아픈 날	6	7 혜숙이랑 같이 영화 보러 가서 생긴 일
8 은미가 낸 퀴즈의 정답은 무엇일까요?	9 우리 선생님 정말 최고야!	10	11 종이 접기로 꾸민 숲속 풍경	12	13 (영상 일기) 계란말이 성공하다!	14 도서관이 너무 좋아요.
15 문방구에서 산 것을 소개 합니다.	16 어린 왕자를 읽고.	17	18 민경이 생일 축하♡	19 자랑스러운 나 ♡♡♡	20	21 1박 2일 부산여행 ♡♡♡
22	23 정빈아 너무 고마워!	24	25 20XX년 4월의 하늘 사건 모음	26 (영상 일기) 피아노 연습	27 20XX년 4월, 나의 추천곡	28 봄 꽃 관찰
29 (영상 일기) 미래의 나에게 보내는 편지	30 해리포터 인물 소개					

◯ 일기장 꾸미는 방법을 이제는 잘 알겠지? 일기장을 잘 꾸미면, 일기장은 나에게 더욱더 소중한 것이 되지. 그런 일기장을 한 권씩 늘려 가는 건, 마치 보물을 차곡차곡 모으는 기분일 거야!

2. 일기장 보관 방법

○ 일기장을 미래로 안전하게 보내는 방법에 대해 알아보자!

일기장 표지를 정성 들여 꾸며 두고 일기장 내용을 알차게 채워 넣으면, 다른 사람들이 봤을 때도 '아, 이거 아주 소중한 거구나'라는 생각이 들겠지? 혹시 일기장을 잃어 버렸을 때, 다시 찾을 가능성이 커지지.

일기장을 분실했을 경우를 대비해, 일기장 뒤표지에 부모님의 연락처와 함께 "이 일기장을 주우신 경우, 이쪽으로 연락해 주세요. 이 일기장은 저의 보물이에요" 같은 말을 적어 둬. 그렇게 해 두면 일기장을 습득한 사람이 연락을 해 줘서 일기장을 다시 찾을 수 있을지도 몰라. 물론, 일기장을 잘 챙겨서 잃어버리지 않는 게 제일이지만.

일기장을 다 쓰면 잘 보관해 둬야겠지? 일기장을 어떻게 보관하면 될까?

일기장은 리빙 박스나 서류 보관 상자 하나를 정해서 거기에 차례대로 모아 나가는 것을 추천해. 상자 바깥에, "○○이의 일기장 모음. 미래로 안전하게 보낼 수 있도록 소중히 여겨주세요"라고 적어서 붙여두고 말이야. 나에게 아주 중요한 물건이라는 걸 적극적으로 드러내야, 대청소나 이사 같은 일이 있을 때 버려지거나 분실될 위험이 줄어든단다. 부모님께는 일기장의 중요성을 꼭 말씀 드리고 말이야.

일기장을 보관할 때 눕혀서 보관하는 것을 추천해. 그래야 일기장 모양이 망가지지 않거든. 그리고 일기장을 보관한 상자는 직사광선이 들지 않는 어두운 곳에 두렴. 햇빛을 계속 받은 일기장은 색이 더 빨리 바래거든. 그렇다고 지하실이나 창고 같은 곳에 두면 안 돼. 습도가 높은 곳에 일기장을 두면 곰팡이가 필 수도 있거든. 일기장을 보관한 상자는 습도가 낮은 곳에 두도록 하자. 습도가 높은 여름철에는 습기 제거제와 같이 넣어 두는 것도 좋아.

일기장 한 권을 다 쓸 때마다, 휴대전화로 일기장의 각 장을 찍어 두는 것도 추천해. 그러면 나의 일기가 디지털 파일로도 저장되어 있는 거니까, 혹시 실물 일기가 분실되거나 손상되는 경우에도 내용을 다시 볼 수 있지.

일기장 보관 방법을 알게 되었으니, 잘 실천해 보자. 일기장들이 무사히 나에게 전달될 수 있도록!

정말 고마워.

3. 사진과 영상 보관 방법

○ 사진과 영상을 보관하는 방법도 잘 알아 두어야 해. 그래야 시간이 많이 지나고도 사진과 영상을 다시 볼 수 있거든.

● 사진 일기를 쓸 때, 사진을 인쇄하거나 인화해 붙이지만……. 시간이 흐르면 이 사진들이 흐려질 수도 있거든. 인쇄하거나 인화하지 않은 사진들도 많고 말이야. 그러니, 원본 사진도 소중히 보관해 두어야 해. 영상은 말할 것도 없고 말이야.

사진과 영상을 휴대전화 앱으로 촬영하면 휴대전화에 파일이 저장돼. 휴대전화는 시간이 흐르면 바꾸게 되니까, 휴대전화에 저장된 사진이나 영상 파일을 다른 곳으로 옮겨 두어야 하지.

사진이나 영상 파일은 연도별로 폴더를 만들고, 각 폴더 안에 월별 폴더를 만들어, 분류해 넣어 두면 나중에 찾아보기 쉬워. 예를 들면 다음과 같이 말이야.

① 연도별 폴더 만들기

20X1년   20X2년   20X3년   20X4년

② 연도별 폴더 안에 월별 폴더 만들어 사진과 영상 넣기

| 20X1년 1월 | 20X1년 2월 | 20X1년 3월 | 20X1년 4월 |

나는 사진이나 영상 파일을 다음의 두 가지 방법으로 보관하고 있어.

① 외장 HDD 또는 외장 SSD에 저장하기

② 클라우드 스토리지(구글 드라이브, 네이버 마이박스 등)에 저장하기

한곳에만 저장해 두면 자료를 모두 잃을 위험이 있어. 그래서 나는 동일한 파일을 외장 HDD 세 개에 복사해 저장해 두고 있어. 일부 중요한 파일은 클라우드 스토리지에도 저장해 두고 말이야. 너도 모든 파일을 한 군데만 저장해 두지 말고, 두세 군데에 파일을 저장해 두렴.

외장 HDD나 외장 SSD의 경우, 수명이 영원하지는 않단다. 5년 정도마다 새로 구입한 장치에 자료를 옮겨 저장해 두면, 자료들을 좀 더 안전하게 보관할 수 있지.

클라우드 스토리지는, 해킹의 위험을 줄이기 위해 비밀번호를 주기적으로 변경하는 것을 추천해. 클라우드 스토리지에는 일정 기간 이상 접속하지 않으면 자료가 다 지워지기도 하니까, 주기적으로 접속을 해야 해. 이용약관이 변경되거나 서비스가 종료되는 일도

있으니, 그 부분도 잘 확인하도록 해.

🐵 사진과 영상을 보관하는 것은 쉬운 일이 아니지만, 신경 써서 보관할 만한 가치가 있는 일이지. 외장 HDD나 외장 SSD를 구입하거나 클라우드 스토리지에 가입하는 것, 사진을 저장하는 것은 아직 초등학생인 네게 어려운 일일 수도 있겠다. 초등학생에게 클라우드 스토리지 서비스를 제공하지 않는 업체도 있으니까.

🌝 그럴 때는 부모님의 도움을 요청해 보자. 이 모든 기록들을 미래로 보내는 것은 나 혼자만의 일이 아니야. 나와 우리 가족의 역사를 남겨 두는 것은 우리 가족 모두의 일이기도 하니까!

에필로그

우리는
다시
만날 거야

○ 그동안 여러 가지 일기 쓰기 방법을 알아보고, 직접 써 보느라 고생이 많았어. 나와 함께 해 준 희정아! 정훈아! 정말 고마워.

🧑 뭘. 어린 너에게 조금이라도 도움이 되었다면 정말 기쁠 거야.

🧑 어린 네가 이번 기회에 사진 찍기와 영상 찍기에 흥미를 느끼고, 기록을 많이 남겼으면 좋겠네.

○ '어린 나'인 너에게 마지막으로 하고 싶은 말은…….

나도, 희정이와 정훈이를 만난 이후에 '기록하기'가 얼마나 소중한 일인지 깨닫게 되었어. 그래서 요즘에는 나도 기록을 열심히 하고 있어. 어떤 날에는 글로, 어떤 날에는 그림으로, 어떤 날에는 사진으로, 어떤 날에는 영상으로……. 기록하기는 어린 시절에만 중요한 것이 아니라는 것을 알게 되었거든.

이 일기장이 너에게 무사히 도착하고, 지금부터 네가 기록을 열심히 한다면……. 너는 열심히 기록하는 어린이에서 열심히 기록하는 청소년으로, 열심히 기록하는 청소년에서 열심히 기록하는 어른으로 성장하겠지.

나는 여기서, 그런 너를 기다릴게. 나도 열심히 기록하면서 기다릴 거야. 우리가 살고 있는 21세기가 기나긴 인간의 역사에서 보면 특별할 것 없는 시기일지도 모르겠지만, 그 안에서 우리는 열심히 웃고, 울고, 사랑하고, 성장하고 있잖아! 나는 그걸 열심히 기록해 두려고 해.

우리는 다시 만날 거야. 우리가 다시 만나게 되었다는 걸 너는 어느 순간 알아채게 될 거야. 그때까지 잘 지내야 해. 나는 항상 너를 응원하는 마음이야.

그럼, 마지막으로 한 번만 더 말하게 해 줘.

"일기 쓰기를 부탁해!"

Q (추신) 혹시 이 일기장이 네 손에 들어가는 시점에 문제가 생겨, 네가 중학생이나 고등학생일 때 도착했다 하더라도! 그때부터 남기는 기록들도 무척 소중한 거란다. 일기 쓰기는 초등학생만의 일이 아니야. 기록은 누구에게라도 중요한 거니까. 오늘부터 당장 기록을 남겨 보자.

네가 끄적인 조그마한 낙서나 글 한 줄이라도, 네게서 온 모든 것은 내게 무척 소중해. 그러니 아주 작은 것이라도 미래로 보내 주면 고맙겠어. 그럼, 진짜로 안녕!

부모님께 드리는 짧은 부탁

부모님들께서는 영원할 것 같던 어린 시절을 체감해 본 동시에 초등학교 6년이 얼마나 짧은 시간인지를 잘 알고 계신 분들입니다.

아이에게는 영원에 가까울 그 시간 동안, 아이의 기록에 적극적으로 동참해 주세요. 편지를 써서 일기장에 붙여주거나 사진이나 영상을 잔뜩 같이 찍어 주세요. 우리에게는 그리 긴 시간이 아니니, 너무 힘들지는 않을 거예요.

아이는 무럭무럭 자라, 스스로의 힘으로 살아가야 할 때가 어느새 오겠지요. 내가 아이보다 먼저 태어난 만큼, 아이는 내가 없는 시간을 나를 추억하며 보내기도 할 것입니다. 우리 가족이 같이 보낸 소중한 시간에 대한 기록은 아이에게 평생의 보물이 될 거예요. 때때로 꺼내 보며 내가 받은 사랑을 기억해 내고 힘낼 수 있을 거고요.

이 모든 기록을, 아이가 기록을 충분히 소중히 여길 수 있는 나이가 될 때까지 잘 지켜 주세요. 주변 친구들을 살펴보니, 부모님들께서 기록을 소중히 여긴 친구들만이 유년 시절의 일기장을 갖고 있더군요. 이 책을 읽으신 부모님들께서는, 아이의 일기장을 미래로 보내는 일에 적극적으로 동참해 주실 것으로 믿습니다.

고맙습니다.

일기 쓰기를
부탁해!

미래의 내가 보낸 일기장

제1판 1쇄 2023년 12월 27일

지은이 김희정
펴낸이 한성주
펴낸곳 ㈜두드림미디어
책임편집 우민정
디자인 김진나(nah1052@naver.com)
일러스트 irasutoya

㈜두드림미디어
등 록 2015년 3월 25일(제2022-000009호)
주 소 서울시 강서구 공항대로 219, 620호, 621호
전 화 02)333-3577
팩 스 02)6455-3477
이메일 dodreamedia@naver.com(원고 투고 및 출판 관련 문의)
카 페 https://cafe.naver.com/dodreamedia

ISBN 979-11-93210-37-6 (03370)